# Guerra en Ucrania

# Guerra en Ucrania

Origen, contexto y repercusiones de una guerra
estratégica de impacto global

CARLOS ALBERTO PATIÑO VILLA

El papel utilizado para la impresión de este libro ha sido fabricado a partir de madera
procedente de bosques y plantaciones gestionadas con los más altos estándares ambientales,
garantizando una explotación de los recursos sostenible con el medio ambiente y beneficiosa para las personas.

**Guerra en Ucrania**
*Origen, contexto y repercusiones de una guerra
estratégica de impacto global*

Primera edición en Colombia: julio, 2022
Primera edición en México: octubre, 2022

D. R. © 2022, Carlos Alberto Patiño Villa

D. R. © 2022, de la presente edición en castellano para todo el mundo:
Penguin Random House Grupo Editorial, S. A. S.
Carrera 7 N.º 75-51, piso 7, Bogotá, D. C., Colombia
PBX (57-1) 7430700

D. R. © 2022, derechos de edición mundiales en lengua castellana:
Penguin Random House Grupo Editorial, S. A. de C. V.
Blvd. Miguel de Cervantes Saavedra núm. 301, 1er piso,
colonia Granada, alcaldía Miguel Hidalgo, C. P. 11520,
Ciudad de México

penguinlibros.com

Fotografía de portada: © petekarici, Getty Images
Cartografías de la Guerra en Ucrania: © Gustavo Enrique Ramírez Gómez
geramirezgo@unal.edu.co

ISBN: 978-607-382-336-4

Impreso en México – *Printed in Mexico*

# CONTENIDO

# INTRODUCCIÓN

La noche del día 23 de febrero de 2022, y la madrugada del día siguiente, una fuerza militar cercana a las 190 000 tropas Rusia lanzó una operación militar de gran envergadura contra Ucrania, con la pretensión de invadir el país, controlar su territorio, derrocar el Gobierno y reintegrar este extenso país a Rusia, presidida desde agosto de 1999 por Vladímir Putin. Estas acciones están basadas en tres ideas que han rondado el discurso político ruso, de forma creciente, en las últimas dos décadas: primero, que la Rusia histórica es un territorio más grande que el que ocupa la Federación de Rusia actual, lo que además explica que muchas de las sociedades que habitan en esos territorios no son naciones independientes de la identidad rusa; segundo, que Rusia tiene derecho a tomar todas las acciones necesarias para defender lo que considera su espacio exterior, y consecuencia de ello, la habilita para tomar el territorio de los Estados que están sobre la esfera de la Rusia histórica, con el fin de defenderse de enemigos globales, o incluso locales, entre ellos de forma explícita de la Organización del Tratado del Atlántico Norte (OTAN) y de la Unión Europea; y tercero, que todo esto se hace para restaurar a Rusia como poder global, que es en sí misma una sociedad que ha sufrido de forma indescriptible, que debió luchar la Gran Guerra Patriótica, que fue víctima de la implosión soviética, y que además, desde la década de 1990, no se le otorga la importancia que se merece.

Ucrania fue invadida de forma contundente, debió activar, para sorpresa de las sociedades europeas contemporáneas, e incluso de muchos en el mundo, una fuerza militar para defenderse, en una guerra que era real, no un videojuego, en la que tropas invasoras tomaban carreteras, bombardeaban ciudades, asesinaban civiles, atacaban hospitales, centros comerciales, y a la vez destruían cultivos, zonas industriales y las infraestructuras críticas del país, mientras que luchaban por tomar las principales centrales nucleares ucranianas, responsables de gran parte de la energía eléctrica que consume el país. El Gobierno de Kiev, presidido por Volodímir Zelenski, un abogado cuya profesión antes de la política era la de hacer de comediante, ha rechazado vehementemente la invasión rusa, ha fortalecido los mecanismos de identidad para la consolidación de la nación ucraniana, y ha defendido el derecho de su país a ser uno soberano, independiente y con integridad territorial. Ucrania, además, a pesar de diversos problemas, sostiene ser una democracia, que reconoce y defiende las libertades y derechos individuales de sus ciudades, el derecho a la diversidad social y política, y se precia de ser, lo más que ha podido, una sociedad abierta, que se diferencia cualitativa y cuantitativamente de los rasgos de autoritarismo ruso, replicados con profundidad en Bielorrusia.

Una perspectiva de análisis sobre la guerra requiere hacer evidentes las cifras entre los dos Estados comprometidos en la misma, y estas que se presentarán corresponden a los datos cuantitativos consolidados al comienzo de la pandemia del COVID-19, en el año 2020[1]:

Rusia, para el año 2020, tenía una población de 141 944 641 personas, con un PIB nacional de $ 1.64 billones de dólares, y un PIB per cápita de $ 11 163 dólares. El gasto en defensa fue de $ 48 200 millones de dólares, y un pie de fuerza de 900 000 tropas en las fuerzas militares regulares, complementadas por más de 554 000 tropas de las llamadas fuerzas paramilitares, y unas reservas militares de 2 000 000 de tropas. Dentro de las fuerzas paramilitares se cuentan organizaciones militares estatales como el Servicio de la Guardia Fronteriza, el Servicio de la Guardia Federal, el Servicio Federal de Seguridad de Propósitos Especiales y la Guardia Nacional. Dentro de las tropas regulares, Rusia cuenta con un comando de Fuerzas de Disuasión Estratégicas, que son las que tienen a disposición el uso de armas nucleares. Al inicio de la guerra, Rusia contaba con más de 28 000 tropas desplegadas dentro de la península de Crimea, básicamente derivadas de la estructura naval, y en disposición de combate. Diversas fuentes señalan que Rusia tiene más de 5990 cabezas nucleares disponibles, en diversos

---

1    Estas son las cifras que corresponden al trabajo anual presentado por el International Institute For Strategic Studies, con base en Londres, que anualmente publica el documento titulado *The Military Balance*, de forma tal que las cifras citadas aquí son las correspondientes a las del informe del año 2020.

mecanismos de disparo y transporte, y al parecer tiene el mayor arsenal nuclear existente en la actualidad, superando la capacidad de los Estados Unidos.

En el caso de Ucrania, las cifras son completamente diferentes: para el año 2020 contaba con 43 964 969 habitantes, con un PIB nacional de $150 mil millones de dólares, y un PIB per cápita de $ 3592 dólares. Los gastos en defensa no superaban los $ 3830 millones de dólares, que se invertían en una fuerza militar compuesta por 209 000 tropas regulares, complementadas por 88 000 tropas regulares, y 900 000 tropas regulares de reserva. Las tropas paramilitares están compuestas por la Guardia Nacional y la Guardia de Frontera. Ucrania carece de armas nucleares, aunque tenga plantas nucleares importantes, incluida la herencia de la planta de Chernóbil, que luego de fallas graves generó una catástrofe sin precedentes en 1986. El Gobierno de Kiev entregó las armas nucleares que tenía a su disposición luego del llamado Memorándum de Budapest de 1994, y con ello dio lugar a una vulnerabilidad estratégica, que desde los acontecimientos de 2022 se puede calificar como una falla permanente.

Durante las primeras semanas de la guerra aparecieron diversas expresiones e interpretaciones sobre esta, que iban desde los generadores de opinión que afirmaban que las guerras en el siglo XXI son un anacronismo, hasta aquellos que decían que estaban prohibidas. Surgió otro grupo de analistas, ciudadanos corrientes e incluso funcionarios de algunos gobiernos, que consideraban que esta era una guerra que debía detenerse de inmediato a través de la rendición de Ucrania para satisfacer las demandas rusas, queriendo pasar por alto tanto la legalidad como la legitimidad de las mismas, y los crímenes que la guerra misma implicó. Esta era una postura que parecía en principio pacifista, pero que en realidad era mucho menos que eso, era una postura legitimista de la agresión de Moscú y de su concepción del orden internacional.

El debate político sobre la guerra y sobre quién era responsable de la misma, en el mundo occidental, fue girando entre dos posturas abiertamente confrontadas: de una parte estaban aquellos que consideran que el responsable es el conjunto de los países occidentales, y especialmente aquellos con liderazgo visible en la OTAN y en la Unión Europea, por animar a los Estados que lograron la independencia como resultado de la implosión soviética de 1991, a establecer relaciones con las mismas, e incluso a integrarse dentro de ellas. En esta postura, claramente representada por John Mearsheimer[2] en un artículo publicado en *The Economist* el día 19 de marzo de 2022[3], se afirma que la OTAN ha actuado de una forma específica que Moscú percibe como agresiva, e incluso Mearsheimer afirma en este texto que hechos como la toma de Crimea de 2014 hay que entenderlos como un acto impulsivo y que, por tanto, no era responsable que los Estados occidentales diesen crédito a las solicitudes y peticiones presentadas por los Estados surgidos de la órbita de la antigua Unión de Repúblicas Socialistas Soviéticas.

2   Profesor de Ciencias Políticas en la Universidad de Chicago.

3   "John Mearsheimer on why the West is principally responsible for the Ukrainian crisis". *The Economist*, 19 de marzo de 2022.

13

Esta posición de Mearsheimer fue respondida por sir Adam Roberts[4] en otro artículo publicado en el mismo semanario, el día 26 de marzo[5], y comienza afirmando que el argumento central del profesor de Chicago carece de perspectiva sobre los procesos de independencia de sociedades distintas y en proceso de diferenciación, alejándose de un Estado en crisis profunda, política, económica y cultural, y que a partir de esas transformaciones fueron dando lugar a la formación de nuevos Estados. Ello tuvo serias repercusiones sobre Moscú y su concepción del mundo, pero, para decirlo de forma abreviada, una situación era que existiesen Estados nuevos independizados, con sociedades que gobernaban y que en general se diferenciaban y distanciaban de lo "ruso", y otra situación es si Rusia lo acepta o no, independiente del discurso historicista, político y geopolítico con el que quiera interpretar los hechos.

Este debate entre dos destacados intelectuales de habla inglesa es clave para la indagación sobre esta guerra: ¿es una guerra legítima por parte de Rusia, o es un crimen de agresión contra un Estado soberano independiente? Esta pregunta es el punto central de trabajo del presente libro, y se responderá en el desarrollo de los capítulos, recurriendo a un procedimiento basado en investigación histórica, en valoraciones de concepciones políticas, y en análisis geopolíticos. Este procedimiento de investigación tiene un antecedente de desempeño académico profesional: el trabajo por más de dos décadas sobre conflictos

4    Profesor de Relaciones Internacionales en la Universidad de Oxford.

5    "Sir Adam Roberts rebuffs the view that the West is principally responsible for the crisis in Ukraine". *The Economist*, 26 de marzo de 2022.

armados contemporáneos internacionales, del cual han surgido diversos artículos, capítulos de libros, y en especial dos libros publicados anteriormente con el sello Debate: *Guerras que cambiaron al mundo*, publicado en 2013, e *Imperios contra Estados*, publicado en 2017. De esta forma, es posible afirmar desde la trayectoria de investigación indicada, dada la información acumulada, los documentos analizados, el acceso a trabajos de investigadores especializados en la historia rusa y soviética, y a la información que proveen regularmente agencias especializadas, tanto abiertas como de información que requiere criterios de acceso y análisis, que la actual guerra de Rusia contra Ucrania era, con algún grado de incertidumbre, y mucho de desconcierto por sus efectos locales y sus consecuencias mundiales, de muy probable ocurrencia.

Este trabajo se terminó de escribir el día 24 de abril, a los 60 días de iniciada la invasión de Ucrania y, hasta este punto, es posible afirmar que la acción militar rusa que el presidente Putin ha preferido denominar "operaciones especiales", en realidad es una guerra clásica imperialista que parte de una concepción de Rusia como un Estado que se ve a sí mismo como mucho más que un simple Estado-nación y, en consecuencia, tiene derecho a rehacer y reorganizar el "espacio exterior ruso", también llamado por algunos "espacio postsoviético", o por otros, como el "territorio de la Rusia histórica". En este contexto es importante indicar que Rusia ha incurrido, desde el comienzo mismo de las operaciones bélicas contra Ucrania, en el delito de agresión internacional, para luego caer en diversos actos violentos que pueden ser calificados de crímenes contra la humanidad, incluyendo, posiblemente, el de genocidio. Adicionalmente, llegado el día sesenta de la guerra, mientras Rusia continúa con la destrucción definitiva de Mariúpol, e inicia el asedio a Odesa, la cifra de huidos de la guerra, que se han constituido en refugiados internos y externos, registran una cifra que supera los más de 5 186 744 personas, convirtiéndose en la mayor catástrofe de refugiados desde la Segunda Guerra Mundial, en menos de dos meses, en cualquier parte del mundo. Aquí es importante indicar que el país que más refugiados ucranianos ha recibido es Polonia, con una cifra que supera los 2.899.713, seguido de Rumanía, con más de 774.074.

Una de las consecuencias de esta guerra ha sido convertir a Kiev en un símbolo del poder mundial, toda vez que ha obligado a todos los grandes poderes a pronunciarse o actuar en función de la guerra misma, y no solo los Estados occidentales, también ha obligado a Estados como la República Popular China, la República de la India o la República de Turquía a tomar posiciones sobre la guerra y los Estados beligerantes en la misma, y a redefinir sus posiciones de seguridad y rearme. Una demostración de esta importancia alcanzada por Kiev y por Zelenski se evidencia en este día, 24 de abril, con la visita del secretario de Estado de Estados Unidos, Antony Blinken, acompañado del secretario de Defensa, Lloyd Austin, al presidente ucraniano, ratificando que Estados Unidos, y Joe Biden mismo en persona, presidente de Estados Unidos desde enero de 2021, están tomando una posición directa en la guerra, viendo a Ucrania como una democracia que es víctima de una agresión imperialista ordenada por un Estado que se gobierna con un régimen autocrático. De hecho, la visita de Blinken y Austin a Zelenski incluyó, entre los acuerdos posibles, que Estados Unidos reabriera su embajada en Kiev[6], algo que ya había sido anticipado por España luego de la visita en días anteriores de Pedro Sánchez, el jefe del Gobierno español[7].

Algunos periodistas especializados en asuntos y conflictos internacionales, creen que la naturaleza misma del conflicto de Ucrania está generando una nueva Guerra Fría; sin embargo, aún es prematuro afirmar esto con claridad, por lo que implicó el fenómeno que llevó el mismo nombre entre 1947 y 1991, toda vez que fue un sistema internacional que obligaba a prácticamente todos los Estados del mundo a tomar un posición dentro de este esquema de política global y ordenamiento geopolítico, mientras que, por otra parte, es necesario indicar que, si bien la Federación de Rusia es un Estado importante en el siglo XXI, no es uno de los dos más poderosos y básicos del orden internacional contemporáneo, y carece de las palancas de poder necesarias que en su momento tuvo la URSS para imponer un modelo de ordenamiento geopolítico de alcance mundial.

La escritura de este libro se realizó porque era a la vez una oportunidad de informar a la opinión pública de un fenómeno de trascendencia global de una forma que fuera abierta, pero basada en una documentación adecuada y seria sobre los eventos; y también era el ejercicio de una responsabilidad pública para ofrecer información y análisis que se han construido desde

---

6    "Ukraine live updates: U.S. to reopen Kyiv Embassy". *The New York Times*, 24 de abril de 2022.

7    Pita, Antonio. Las embajadas vuelven a Kiev. *El País*, 21 de abril de 2022.

una trayectoria de investigación permanente. La investigación se basa, necesariamente, en fuentes secundarias que se pueden diferenciar en dos grupos: uno, el de los especialistas, entre los que se encuentran historiadores, analistas políticos, geopolíticos, estrategas militares y expertos en ciberguerra y entornos analíticos informáticos; y dos, información proveniente de medios de comunicación con trayectoria internacional reconocida que, adicionalmente, son identificados como medios de comunicación con periodismo de investigación y que cuentan con reporteros especializados en las áreas geográficas mundiales que cubren y en los temas que tratan. Entre los trabajos retomados en los medios de comunicación también se han usado los artículos de análisis y columnas de opinión escritas por especialistas destacados.

El libro se compone de cinco capítulos que responden de manera sucinta a los siguientes temas: el capítulo 1 está dedicado a explicar la guerra de 2022, junto con sus antecedentes y contexto histórico-político en el que ha surgido. El capítulo 2 está dirigido a presentar los antecedentes rusos más importantes en la práctica del intervencionismo militar que ha realizado entre 1992 y 2022, haciendo énfasis en los más destacables para entender la estrategia y la forma de proceder en la guerra de 2022. El capítulo 3 explica qué ha significado esta guerra desde la perspectiva de Ucrania, sosteniendo que esta es la verdadera guerra de independencia de Ucrania, y que en ella se juega su suerte la identidad nacional ucraniana. El capítulo 4 aborda las reacciones que se han presentado en el contexto internacional. Y finalmente, el capítulo 5 esboza los difíciles términos en los que se puede producir una negociación diplomática para terminar la guerra, haciendo énfasis en que muy seguramente dichas negociaciones no podrán resolver el conflicto de fondo, pues Ucrania y Rusia hacen parte de dos perspectivas incompatibles del mundo. El texto se acompaña de una serie de mapas que permiten graficar diferentes explicaciones que se desarrollan a lo largo del libro, elaborados por un cartógrafo profesional, con base en la información del libro.

# Capítulo 1

# ¿Por qué la invasión a Ucrania?

## Guerra en Ucrania:

Las tropas del ejército de la Federación de Rusia invadieron Ucrania entre la noche del 23 febrero y las horas del amanecer del día siguiente. Desde ese momento Europa ha visto reaparecer una gran operación militar, en el marco de una guerra que es tanto una de carácter clásico en la estrategia desplegada y en las tácticas de combate ejecutadas, como una guerra imperial en sus objetivos más directos desde la perspectiva rusa.

Pero responder la pregunta sobre por qué se ha recurrido a la guerra por parte de Rusia contra Ucrania, es un asunto complejo que tiene en su matriz de posibilidades explicativas por lo menos dos perspectivas distintas, cada una radicalmente opuesta a la otra, y cuyas ramificaciones se oponen a una salida exitosa para las dos partes. Es prácticamente imposible la obtención de logros exitosos para Ucrania, que en medio de la guerra se debate entre seguir existiendo como un Estado soberano y una sociedad independiente que construye una identidad nacional, o terminar siendo un Estado sin soberanía, bajo la etiqueta de "neutralidad", sometido a las perspectivas geopolíticas de Moscú, y que, por tanto, no puede tomar decisiones de alcance internacional.

Desde la perspectiva rusa la guerra de este año 2022 ha sido una consecuencia lógica de los hechos que percibe como agresiones, que han emprendido tanto Ucrania como los Estados occidentales —entre los que se incluye de forma directa a la OTAN y sus miembros más destacados, y a los Estados Unidos de forma singular— para crear un entorno de amenaza y posible peligro existencial tanto para el gobierno asentado en Moscú como para la sociedad rusa en su conjunto. De esta forma, la guerra actual tiene un antecedente directo en Ucrania, en el conjunto de hechos ocurridos sobre suelo ucraniano durante 2014, con la intervención directa de Moscú, que condujo a la anexión de facto de la península de Crimea a Rusia, así como la apertura de un conflicto separatista armado en dos de las regiones ucranianas más orientales, dentro del territorio que se denomina Dombás. Pero quizá el principal origen del problema se encuentra en el hecho de que Ucrania se hubiese separado de la Unión de Repúblicas Socialistas Soviéticas en diciembre de 1991, junto con Bielorrusia, dando así final no solo al período soviético, sino también al período histórico del Imperio ruso.

En esto consiste el reclamo que Vladímir Putin ha hecho de forma constante cuando ha afirmado que Ucrania hace parte de los territorios históricos de Rusia, al igual que de forma quizá más directa se reclamase el hecho de que la península de Crimea fuese rusa. Este reclamo de sentido histórico se convierte de facto en una perspectiva de carácter geopolítico en conflicto con Ucrania y, en consecuencia, toma distancia clara de la concepción de las relaciones internacionales y del orden internacional construido durante el siglo XX y, específicamente, después de la Segunda Guerra Mundial. Desde cuando dicho orden se ha basado en un modelo de derecho internacional que parte de considerar a todos los Estados miembros como merecedores de igual respeto en cuanto a su soberanía y, por tanto, a su integridad territorial, al reconocimiento de su identidad nacional y a la solución de los asuntos internos con base en la autonomía de sus instituciones políticas.

Pero se debe indicar que la distancia que Rusia toma no va tanto encaminada a fortalecer un orden alternativo al orden internacional liberal basado en el derecho internacional, sino a reivindicar el derecho de Rusia a ser un imperio y, por tanto, a tener reconocimiento como tal. Aquí se puede argumentar que Rusia, en efecto, no utiliza el término imperio en su lenguaje, pero sus reivindicaciones y lógicas territoriales, junto con las exigencias políticas y diplomáticas impuestas a los Estados del espacio exterior postsoviético, es decir, a los Estados que surgieron de la implosión soviética de diciembre de 1991 como unidades políticas independientes soberanas, señalan en la práctica su conformación imperial. Entre estas exigencias se encuentran que ninguno de aquellos Estados que fueron parte de la Rusia histórica o de la URSS, quizá a excepción de los países bálticos, que fueron vistos por Moscú más como colonias que como miembros de la Rusia imperial, puede tomar iniciativas en política exterior que permitan el acercamiento de enemigos históricos de Rusia, o que se sumen a modelos económicos y de reconocimiento que puedan derivar en una participación en procesos de integración económica e institucional que no estén presididos por Rusia. En términos específicos, Rusia ha impuesto a sus antiguos miembros la prohibición directa de participar en la alianza defensiva de la Organización del Tratado del Atlántico Norte, OTAN, o en la Unión Europea.

Moscú reivindica de esta forma su derecho a establecer, defender y orientar sus zonas y esferas de influencia, como si de territorios propios se tratase y en consecuencia estuvieran dirigidos, gobernados u orientados bajo los postulados de su concepción estratégica. Ello lo justifica por su percepción de que la OTAN es una organización militar imperial y, en tal sentido, debe alejarla lo más que se pueda de sus fronteras. A su vez la Unión Europea es la cara política, no menos, de la OTAN, conformada además desde un núcleo de sistemas democráticos competitivos que necesariamente conllevan formas de constituir Estados que difieren de la experiencia histórica rusa, más orientada desde la perspectiva de un autoritarismo visible y directo, ejercido por personalidades fuertes, dotadas de las capacidades institucionales necesarias para dirigir una fuerza militar siempre presente en el territorio. Esta forma de construir el Estado ruso se decanta por la vía intensa en coerción que Charles Tilly incluyó entre las tres vías posibles para la construcción de los Estados modernos aún existentes, junto con las de la vía intensa en capital y la vía de la coerción capitalizada[8]. La vía intensa en coerción siempre ha estado presente en Rusia, cuyo horizonte de constitución se

8    Tilly, Charles. 1992. *Coerción, capital y Estados europeos. 990-1990*, Alianza Editorial, Madrid. Página 79 y siguientes.

ha definido de forma constante por la posibilidad de usar fuerzas militares que mantengan unidos los territorios conquistados al gobierno de Moscú.

Más recientemente la historiadora Masha Gessen, en su libro *El futuro es historia. Rusia y el regreso del totalitarismo*[9], realiza una reconstrucción de la estructura y el sistema político rusos, indicando cómo las viejas instituciones de la desaparecida URSS perviven en distintas prácticas sociales y políticas que constituyen a la Rusia contemporánea, haciendo que, de facto, exista un clara tendencia a la consolidación de una condición política definida por el autoritarismo, con rasgos de totalitarismo, profundizados evidentemente durante el gobierno de Vladímir Putin, que inició en agosto de 1999, luego de ser designado primer ministro por Boris Yeltsin, el presidente del momento. Gessen expone con detalle las distintas elaboraciones conceptuales que se han realizado para definir el actual sistema político ruso, que desde cualquier perspectiva se aleja de lo que en sí mismo es un sistema democrático competitivo, descartando, además, cualquier condición de que exista una idea liberal dentro de dicho sistema político. Gessen contrapone el concepto de "democracia iliberal" elaborado por Fareed Zakaria para analizar lo que sucede en Rusia desde la década de 1990, al concepto de "régimen híbrido" propuesto por Ekaterina Shulman, y luego al de "Estado mafioso" propuesto por Bálint Magyar. La estructura conceptual de Gessen para realizar estas contraposiciones se puede rastrear en una amplia trayectoria

9    Gessen, Masha. 2018. *El futuro es historia. Rusia y el regreso del totalitarismo*. Editorial Turner, Madrid.

intelectual que incluye tanto a Hannah Arendt como a Carl Joachim Friedrich. Al final, Gessen deja en pie la perspectiva de que en Rusia, y sobre todo desde el acceso al poder de Putin, ha prevalecido la instauración de un régimen autoritario.

En este contexto de ideas políticas, reescritura y revisión constante de la historia y de proyectos geopolíticos, es evidente que los Estados hoy conformados en el espacio exterior postso-viético deberían tener, desde la perspectiva de Moscú, el destino de ser Estados tapón, en la mejor versión de la geopolítica de Halford MacKinder, dejando de lado la idea de la soberanía plena, y con el permanente recordatorio de que la reintegración a Rusia siempre es una posibilidad real.

En este caso es importante plantear que, más allá de los hechos coyunturales ocurridos en la política ucraniana que marcaron la oportunidad del ingreso de tropas rusas a la península de Crimea en enero de 2014, la retoma de dicha península era una prioridad estratégica por lo que la misma ha representado para Moscú desde su conquista plena por parte de Rusia en el siglo XVIII. Derrotar de forma aparentemente incontestable al Imperio otomano, sobre todo durante las guerras de 1768 a 1774, que se cerraron con los tratados de Kuchuk Kainardji de 1774, y que abrieron la vía para la anexión definitiva de la península de Crimea a partir de 1783, con un punto de apoyo estratégico en la ciudad de Jersón —hoy parte de Ucrania y una de las ciudades más atacadas durante la guerra de 2022—, permitió que Rusia se proyectara, por fin, en el mar Negro[10],

---

10    Darwin, John. 2012. *El sueño del imperio. Auge y caída de las potencias globales. 1400-2000.* Página 195 y siguientes.

dominando previamente el mar de Azov, y amplió sus intereses geopolíticos hacia el estrecho de los Dardanelos y la salida a los mares calientes del mar Mediterráneo.

Este fue un momento de especial expansión territorial para Rusia. Al mismo tiempo que había logrado imponer en la monarquía electiva de Polonia a Estanislao Poniatowski –uno de los "favoritos" de la zarina Catalina la Grande–, que inició su desastroso gobierno para los polacos con la repartición de los territorios que componían dicha monarquía entre Austria, Prusia y la misma Rusia, así mismo logró consolidar el virreinato de la "nueva Rusia", bajo el gobierno y el mando militar de Grigori Potemkin –otro de los "favoritos" de Catalina[11]–, quien fundó a Odesa con el fin de que se convirtiera en una metrópoli central de los nuevos territorios imperiales. Proyectada como el núcleo del comercio y la cultura rusa hacia el sur, hacia el mar Negro y la expansión mediterránea, Odesa[12], considerada por muchos expertos como una de las principales ciudades del noroccidente del mar Negro, se convirtió para muchos nacionalistas rusos en una de las más sensibles pérdidas al momento de la independencia de Ucrania en 1991, y en la guerra de 2022, sitiada y bajo amenaza de destrucción por las fuerzas militares rusas, es el paso obligado para una posible acción militar contra el territorio de Moldavia, otro Estado en la mira de Moscú, y con

---

11     La biografía de Robert K. Massie sobre Catalina la Grande, aparecida en español en 2012 bajo el sello de Editorial Crítica, muestra el perfil político clave de esta zarina, cuyo mandato fue fundamental para construir el imperio ruso.

12     Schwirtz, Michael. 2022. "Anxiety Grows in Odessa as Russians Advance in Southern Ukraine". En: *The New York Times*, 2 de marzo de 2022.

un enclave habitado por una población rusa, Transnistria, que exige su integración territorial dentro de la Federación de Rusia.

En el siglo XIX Rusia protagonizó una de las guerras más sangrientas y brutales de ese período, cuando debió defender la posesión de la península de Crimea contra una alianza conformada por el Segundo Imperio Francés, gobernado por Napoleón III, el Imperio británico y el reino de Cerdeña, quienes apoyaban al Imperio otomano, también beligerante en esta contienda. El *casus belli* de esta guerra fue una disputa iniciada por Rusia sobre Jerusalén y la administración de los "lugares santos", alegando que, a los peregrinos ortodoxos, con lo que legitimaba la entrada del reino de Grecia de su lado en el conflicto, no se les permitía el pleno acceso a dichos lugares, y a la ciudad misma, considerada una ciudad santa para los cristianos ortodoxos. Los rusos hicieron reclamaciones territoriales dirigidas contra los otomanos, quienes se negaron a cumplirlas, desatándose con ello las acciones bélicas el 16 de octubre de 1853, y que se prolongaron hasta el 30 de marzo de 1856. Orlando Figes ha indicado en su monumental historia sobre esta guerra que "Desde finales del XVII, cuando tomó posesión de Ucrania, Rusia inició una lucha de un siglo para liberar a esas zonas de contención del control otomano. Los puertos de aguas cálidas del mar Negro, tan esenciales para el desarrollo del poderío naval y el comercio de Rusia, fueron los motivos estratégicos de esta guerra, pero los intereses religiosos nunca perdieron relevancia"[13].

---

13   Figes, Orlando. 2012. *Crimea. La primera gran Guerra*. Editorial Edhasa, Barcelona. Página 48.

El control de la península de Crimea, de valor estratégico innegable para Rusia, de acuerdo con la perspectiva histórico-territorial sobre la misma, y al parecer un valor estratégico también innegociable a la luz de los hechos de 2014, va en el contexto de los acontecimientos que le dieron a Rusia el dominio sobre Ucrania, lo que logró en detrimento del control de Polonia, y previamente de la confederación polaco-lituana que controló extensas zonas que hoy se conocen como Bielorrusia y Ucrania. De hecho, durante el llamado "período tumultuoso", entre 1598 y 1613, la confederación polaco-lituana se convirtió en una amenaza seria y severa sobre la existencia de Moscú como poder territorial y como Estado, que a su vez fue un peligro que se agravó en la primera mitad del siglo XVII con el ascenso de Suecia y su aspiración de conformar un imperio nórdico que alejara a Rusia de zonas europeas. La rivalidad con polacos y suecos que fue resuelta en una serie de guerras, especialmente la conocida como Guerra del Norte, y que se cerró con el tratado de Nystad de 1721[14], permitió a Rusia conjurar las amenazas occidentales, reducir las aspiraciones suecas, ya de por sí dañadas luego de la terminación de la guerra de los Treinta Años –1618 a 1648–, y ser tomada en cuenta como una de las grandes potencias europeas. El principal símbolo de esto es el nombre adoptado por Pedro El Grande, "imperio ruso"[15], dejando de lado el de Moscovia y dando a los Romanov y al imperio una nueva capital, con acceso al Báltico: San Petersburgo. Como señala el historiador

14  Sebag Montefiore, Simon. 2016. *Los Romanov. 1613-1918*. Editorial Crítica, Barcelona. Página 188.

15  Darwin, 2012, página 145.

Sebag Montefiore, Pedro El Grande adoptó el término latino "imperator" para definir su cargo, mientras que sus hijos serían "cesarévich", "los hijos del César".

A partir de las guerras de comienzos del siglo XVIII, sobre todo en 1709, Rusia tuvo mayor control sobre Ucrania oriental, y cada vez más fue tomando posesión de las tierras ubicadas en el occidente, pero sin lograr influjo alguno sobre Leópolis. Esto sucedió luego de la Segunda Guerra Mundial, como consecuencia del reparto de tierras entre la Alemania nazi y la URSS, en virtud del tratado Ribbentrop-Molotov firmado en 1938[16], por el cual alemanes y soviéticos se repartían el territorio de la Polonia renacida al final de la Primera Guerra Mundial, después de haber desaparecido en 1795 como resultado de las reparticiones de Catalina la Grande[17].

En el marco de la Primera Guerra Mundial, y ante el colapso del Imperio ruso que terminó abriendo paso a la revolución bolchevique, en Ucrania se produjo la creación de una república independiente de los rusos, con capital en Kiev, con un fuerte

16    Sobre las consecuencias territoriales que abrió el pacto Ribbentrop-Molotov, véase el trabajo de Antony Beevor titulado *La Segunda Guerra Mundial*, Editorial Pasado y Presente. Es de anotar que el tratado soviético alemán de 1938 estuvo oculto a los soviéticos hasta que en el año de 1989 Alexander Nikolaevich Yakovlev, el gran formulador de los planes de la Perestroika de Mijaíl Gorbachov, debió reconocer que tales pactos se habían llevado a cabo entre Stalin y Hitler y, como consecuencia de los mismos, los Estados bálticos habían perdido la independencia que habían conquistado al final de la Primera Guerra Mundial, siendo reincorporados a la fuerza dentro de la URSS. Al respecto véase a Gessen en el libro citado anteriormente, en la página 98 y siguientes.

17    Sobre el renacimiento del Polonia al final de la Primera Guerra Mundial, y de cómo se pueden entender las claras desconfianzas de esta con respecto a rusos y alemanes, y luego de 1991, con respecto a soviéticos, véase lo que a este aspecto se refiere en el trabajo de la historiadora Margaret MacMillan, titulado *1919. Seis meses que cambiaron el mundo*, publicado por Tusquets Editores, 2005, Barcelona.

sentido nacionalista, conformada desde dos entidades políticas diferenciadas: la Rada Central y el Directorio de Ucrania. Estas formas de Estado independientes fueron finalmente sometidas por los bolcheviques que, como lo expone John Darwin, reconocieron que debían controlar las zonas de Eurasia interior, una lección claramente aprendida por los zares para evitar ser destronados, y ante la resistencia y capacidad de lucha de la nueva Polonia, emprendieron la recuperación y conquista de las zonas de Ucrania y Bielorrusia. Estas zonas habían sido perdidas para Rusia como consecuencia de los cambios territoriales que impuso el tratado de Brest-Litovsk, firmado entre la Alemania imperial y los bolcheviques, institucionalmente organizados en la República Socialista Federativa Soviética. En este período se puso en peligro, de nuevo, el dominio ruso sobre la península de Crimea, pero rápidamente los bolcheviques tomaron nota de las lecciones de realismo político que les había dejado la larga trayectoria zarista.

Durante la Segunda Guerra Mundial, la invasión de la Alemania nazi después de 1941 al territorio occidental soviético hizo que se perdiera el control territorial y el gobierno sobre las zonas principales de lo que hoy son los Estados del Báltico, Bielorrusia y Ucrania. Estos territorios fueron apropiados por los nazis en la Operación Barbarroja, entre junio y septiembre de 1941, gracias a una movilización masiva de líneas de tanques de combate, aviones bombarderos y de caza, junto con un número inmenso de tropas de infantería para establecer el control territorial sobre las zonas conquistadas. Los nazis controlaron ciudades como Kiev, Minsk, Vilna, Riga, y otras más. Sobre

Ucrania llegaron hasta Jersón e incluso hicieron presencia sobre la península de Crimea. En las ciudades sometidas a destrucción y gobierno posterior se crearon regímenes y formas de gobierno de carácter proalemán, lo que necesariamente llevó a establecer procesos de limpieza étnica contra los judíos, con campos de concentración y exterminio en diversos territorios y ciudades, entre las cuales se encuentran Kiev, Zhytomir, Odesa, y otras más[18].

Aquí se hace necesario introducir una aclaración: para muchos ucranianos es posible que la llegada de los alemanes se interpretara como la llegada de unos liberadores, de aquellos que les permitirían escapar del control y la brutal represión a los que habían estado sometidos bajo el régimen estalinista, que había producido la "Gran hambruna"[19], entre los años de 1932 y 1933, y que en ciudades como, Járkov, Jerson, Kiev u Odesa, fue vivida con la intensidad de la que da cuenta que los muertos superaran los más de 3.5 millones de personas. La hambruna llegó a niveles brutales, haciendo que el canibalismo, como atestiguaron los diplomáticos polacos, se fuese convirtiendo en algo silenciosamente aceptado. Snyder trae a colación en una parte de su libro *Tierras de sangre. Europa entre Hitler y Stalin*, la siguiente afirmación: "La inanición dividía a algunas familias, los padres se volvían contra los hijos y los hijos unos contra otros. Como la policía estatal, la OGPU, se sintió obligada a constatar, en la Ucrania soviética 'las familias matan

---

18    Beevor, 2012, página 265 y siguientes.

19    Véanse los trabajos del historiador Timothy Snyder: *Tierras de Sangre. Europa entre Hitler y Stalin*. Galaxia Gutenberg, Barcelona, 2017, y *Tierra Negra. El Holocausto como historia y advertencia*. Galaxia Gutenberg, 2015, Barcelona.

a sus miembros más débiles, normalmente niños, y se comen su carne', incontables padres mataron y se comieron a sus hijos, y más tarde murieron de hambre ellos también. Una madre cocinó a su hijo para ella y para su hija. Una niña de seis años vio por última vez a su padre mientras éste afilaba el cuchillo para sacrificarla, antes que otros parientes la salvaran. Eran posibles muchas combinaciones. Una familia mató a su nuera, les dio la cabeza a los cerdos y asó el resto del cuerpo"[20]. Adicionalmente a esta hambruna provocada e impuesta por el régimen de Stalin sobre Ucrania, también le sobrevino a este territorio el período del Gran Terror, entre 1937 y 1939, durante el cual otros varios millones de personas murieron víctimas de la brutal represión, incluyendo las deportaciones forzosas, los destierros y demás castigos. Las cifras finales de víctimas de estos eventos giran en torno a los 8 a 10 millones de personas muertas, sumadas a los millones que quedaron heridas, traumatizadas o incapacitadas.

Sin embargo, desde la perspectiva soviética se trataba de asentar el dominio geopolítico sobre la región de Ucrania, mantener incuestionado el control sobre la península de Crimea, aunque más tarde, en el furor postestalinista, bajo la dirección de Nikita Jrushchov, en 1954, se le otorgó a Ucrania el control administrativo de la codiciada península, en una graciosa concesión, que buscaba, quizá, redimir irónicamente el férreo control.

En 1991, como lo ha explicado Serhii Plokhy, incluso antes del golpe de Estado del 20 de agosto contra Gorbachov, los ucranianos ya habían articulado una respuesta nacionalista contra el dominio de la URSS, y solicitaron a la Casa Blanca,

---

20    Snyder, 2015, página 79.

durante una visita de George W. Bush a Kiev, su apoyo público a la independencia de Ucrania. Bush se negó, e incluso se mostró hostil a dicha solicitud, por lo que fue abiertamente criticado por los demócratas, quienes le adjudicaron el apodo de "el pollo de Kiev". De todas formas, las fuerzas políticas ucranianas más destacables en esta coyuntura declararon la independencia el día 24 de agosto de ese mismo año de 1991, aunque aún no tuviera efectos políticos reales. Una vez producida la implosión soviética, algo que se explicará con un poco más de detalle más adelante en este capítulo, los ucranianos fueron de los primeros en proclamar la nueva república independiente, con la aceptación implícita, y según algunos biógrafos de Boris Yeltsin, de buena recepción por parte de este, toda vez que pensaba que con la creación de la Comunidad de Estados Independientes esto se podría lograr. Sin embargo, las dos cámaras del Parlamento ruso, en sesión cerrada el 21 de mayo de 1992, declararon ilegal la transferencia que Jrushchov había hecho, en 1954, de la península de Crimea a Ucrania. Esto pese a la supuesta buena voluntad que pudiese mostrar Yeltsin a la perspectiva estratégica de los problemas de proyección geopolítica de la nueva Rusia, así como las dimensiones tanto positivas como negativas que pudieran tener las transformaciones estatales y territoriales que estaban ocurriendo en la coyuntura de 1991-1992[21]. De alguna manera el problema de Ucrania como Estado soberano estaba sellado y planteado desde el inicio de su existencia, y la

---

21    Schmemann, Serge. "Russia votes to void cession of Crimea to Ukraine". En: *The New York Times*, 22 de mayo de 1992.

disputa por Crimea era una de corte geopolítico de difícil, sino de imposible, resolución.

Presentado el anterior recorrido, es necesario afirmar que los argumentos alrededor de la guerra tienen dos matices diferentes: el de Moscú, de carácter geopolítico con claro contenido imperial, que reclama a Ucrania como territorio histórico de Rusia, incluso llegando a negar la existencia de una identidad ucraniana aparte de la rusa, y la existencia de un Estado soberano gobernado desde Kiev. Sin embargo, en la versión que el Kremlin presenta sobre los llamados "territorios históricos" no aparecen los sucesos que han forjado de diversas formas, incluso desde antes de la integración de 1709, la creación de una "nación" ucraniana.

Desde el punto de vista de los ucranianos, la oportunidad de crear un Estado-nación propio, soberano, independiente, y con un territorio identificado con claridad, era una condición inevitable que surgía como oportunidad a una nación diferenciada, que ha buscado en diversos momentos separarse del dominio ruso, incluso reversar los procesos de rusificación vividos con intensidad en diferentes momentos desde el siglo XIX, que más allá del control identitario y político, ha tenido impensables costos humanitarios para los ucranianos como sociedad, superando las diferencias y complejidades que ellos mismos puedan tener. El punto de vista de los ucranianos se beneficia y suscribe, necesariamente, las reglas de un sistema internacional construido para dar cabida a los Estados, sobre todo a aquellos entendidos como Estados-nación, en donde la soberanía es un punto central, innegociable, y básico en la conformación de un Estado independiente. El problema principal para esta perspectiva ucraniana es de fuerza, y la capacidad de usar la misma con respecto a la Federación de Rusia, que ve y asume, irremediablemente, al territorio ucraniano como uno que es parte del propio, y quizá, en el mejor de los casos, un territorio tapón contra fuerzas hostiles occidentales que puede llegar a tener una especie de Estado en una condición de federación más o menos fuerte con Moscú. Dicho así, la diferencia y la disputa son entre una dimensión geopolítica imperial y otra arraigada en el derecho internacional contemporáneo, basado en la noción de soberanía como un elemento central de la política interna y externa.

En este sentido, se puede juzgar como una falla, a la luz de los acontecimientos de 2014 y de la guerra actual, la pérdida de las armas nucleares que Ucrania había heredado de la época soviética a través del llamado Memorándum de Budapest, firmado el 5 de diciembre de 1994, por el cual el Gobierno de Kiev aceptaba entregar y/o devolver las armas nucleares soviéticas a la Federación de Rusia, a cambio de una seria garantía de seguridad, que otorgaban tanto Estados Unidos y el Reino Unido, como la Federación de Rusia junto con dos Estados más de su propia órbita, tales como Bielorrusia y Kazajistán. Con base en esta renuncia explícita a las armas nucleares, con la cual además Ucrania en tanto que Estado recién independizado ingresaba además al Tratado de No Proliferación de armas nucleares, Kiev perdía la invulnerabilidad estratégica[22]

---

22   Algunos expertos en estrategia militar y de seguridad internacional identifican este principio de la invulnerabilidad estratégica con la capacidad de disuasión que ofre-

que las armas atómicas otorgan a los Estados que las poseen y se convirtió en uno vulnerable tanto a las presiones diplomáticas y económicas rusas, como a las acciones militares que Moscú quisiera ejecutar en su territorio.

Adicionalmente se hace menester indicar que la perspectiva geopolítica permite tener un cuadro de interpretación directa sobre las acciones rusas, más allá de las coyunturas políticas específicas de cada crisis.

## LA CRISIS DE 2014

Con algún cuidado importante, se puede afirmar que la vida política de Ucrania como un Estado-nación independiente –cuya sociedad y sistema político se han decantado por la democracia, más que por la autocracia, marcando con ello una seria diferencia con respecto a Rusia–, se ha ido construyendo con tanteos, pulsos, y cambios bruscos de orientación política, económica, cultural, de política exterior y de seguridad y defensa. Estos cambios se enmarcan en las diferentes formas que los presidentes de Ucrania han asumido para gestionar los recursos del Estado, crear una economía de iniciativa empresarial privada activa y un sector público productivo transparente, al igual que la forma en que se ha garantizado el ejercicio de derechos para los ciudadanos, y la construcción de un sistema electoral que garantice el traspaso pacífico del poder, y el debate público abierto. Entre las opciones para la construcción de una Ucrania

---

cen las armas nucleares. Véase el planteamiento al respecto que hace Lawrence Freedman, en su libro *Estrategia. Una historia*, sobre el papel de la disuasión.

independiente, el consenso político se fue decantando hacia una idea de "europeísmo" que implicaba un acercamiento a modelos democráticos, de desarrollo económico y de construcción de Estado basado en las experiencias seguidas por los Estados de Europa occidental, especialmente durante la posguerra de 1945. En ello influyó notablemente el naciente proceso de federalización internacional iniciado y consolidado en la Unión Europea.

Sin embargo, los problemas determinados por el realismo político siempre han estado presentes en la construcción del Estado ucraniano, abarcando asuntos tan variados como la Flota Naval del mar Negro, que fue repartida entre Ucrania y la Federación de Rusia después de 1992, dejando el puerto de Sebastopol como una cuestión a resolver, sobre la base de la demanda de Moscú de que sus tropas navales, embarcaciones y zonas de mantenimiento tuvieran acceso a los puertos de esta ciudad, que desde finales de diciembre de 1991 era parte del territorio soberano de Ucrania. Otros asuntos pendientes fueron los de las armas nucleares; la delimitación precisa de las fronteras, si bien estas eran las derivadas de la organización administrativo-territorial del período soviético; y el asunto de cómo se construirían las relaciones exteriores de los nuevos vecinos, en donde tenía un papel destacado Rusia, como poder preponderante, y Bielorrusia, el vecino noroccidental, con una postura ambigua con respecto a sus relaciones con Moscú. Dos decisiones terminaron consolidando a Ucrania como Estado: una fue el reconocimiento internacional como Estado soberano, para lo cual recibió y envió misiones diplomáticas a casi todos los Estados importantes en Europa y en el mundo, lo que además implicó desplegar símbolos nacionales, entre los que se recuperó el mítico y medieval tridente del escudo ucraniano, ampliamente usado en la guerra de 2022; y dos, se creó una fuerza militar nacional, constituida con la doctrina básica de integrar y defender el territorio nacional, lo que implicó desde el primer momento asumir una doctrina de defensa contra posibles acciones de Rusia, su principal amenaza existencial, más que contra la OTAN, la que poco a poco se ha ido convirtiendo en una opción de defensa con respecto a la amenaza que representa Moscú[23].

En el año 2004 se produjo uno de los primeros choques de fondo entre Rusia y Ucrania, a propósito de las elecciones presidenciales de ese año, cuando se enfrentaron dos candidatos con diferentes proyecciones sobre las relaciones con Rusia y con Occidente, lo que hizo que en términos populares se les diera un reconocimiento a bandos diferentes: a Víctor Yanukóvich como prorruso, y a Víctor Yushchenko como prooccidental. Aunque la realidad conserva elementos de mayor complejidad, es importante decir que el gobierno presidido por Vladímir Putin ese año se sentía más seguro con respecto a las garantías geopolíticas que se exigían a un gobierno ucraniano desde la perspectiva rusa: no pertenencia a la OTAN ni a la Unión Europea, y plena integración de Ucrania en la Comunidad Económica Euroasiática y en la Comunidad de Estados Independientes. Esto conllevaba, entre otras cosas, que las fuerzas militares de Ucrania debían estar organizadas a partir de una doctrina

23    Menon, Rajan y Rumer, Eugene. 2015. *Conflict in Ukraine. The Unwinding of the Post-Cold War Order*. MIT Press, página 25.

de seguridad y defensa que no tomara la defensa contra Rusia como su plan básico de acción.

Durante la competencia electoral de ese año, Yanukóvich competía con ventaja, toda vez que ejercía de primer ministro en el gobierno de Leonid Kuchma, a quien se le había restringido para competir por un tercer mandato, en medio de un proceso de manipulación legislativa que le permitió a Yanukóvich fortalecer su cargo en detrimento de los poderes del presidente. Pero el exceso que deterioró, por lo menos temporalmente, la imagen de Yanukóvich, cuyos apoyos electorales siempre estuvieron alrededor de las regiones del Dombás, Crimea y el suroriente del país, fue el fallido intento de envenenamiento a Yushchenko [24], lo que al parecer lo hizo surgir en la opinión pública como la víctima de los ataques prorrusos, que de alguna forma simbolizaba a la Ucrania que quería escapar de las manos de Moscú. En este contexto se presentó lo que se conoció como la "revolución naranja"[25], que se constituyó en un serio movimiento social y político prodemocrático, al que supuestamente se le dieron asistencia y acompañamiento desde diversos países occidentales, tal y como ha señalado reiteradamente Rusia, y que lo ha definido como el conjunto de las conspiraciones de las revoluciones de colores. La revolución naranja terminó dando la ventaja electoral a Yushchenko, un gobernante incómodo en principio para Putin, a pesar de un cierto pragmatismo que este mostró en las relaciones con Moscú, mientras que abría los

---

24    Rosenthal, Elisabeth. "Liberal leader from Ukraine was poisoned". En: *The New York Times*, 12 de diciembre de 2004.

25    Wilson, Andrew. 2006. *Ukraine's Orange Revolution*. Yale University Press.

caminos para acercamientos certeros a Occidente. A este acercamiento respondió desde su perspectiva George W. Bush en la cumbre de Bucarest de 2008[26], cuando pidió cursar invitaciones para iniciar procesos a fin de considerar el ingreso a la alianza defensiva tanto a Georgia, gobernada por Mikjail Saakashvili, como a Ucrania, a pesar de las reticencias manifestadas por Nicolas Sarkozy y Angela Merkel.

Para 2013 las cosas habían cambiado radicalmente en Kiev después de las elecciones de 2010, cuando Yanukóvich logró obtener una victoria electoral notoria con respecto a su antiguo rival, quien se hundió en estas elecciones, y ganándole también a la antigua aliada política de Yushchenko, Yulia Timoshenko. Durante el mandato de Yanukóvich los intereses de los oligarcas asociados a su Partido de las Regiones cambiaron, principalmente aquellos provenientes del Dombás, que cubría territorialmente tanto a las zonas más industrializadas del país como a los principales puertos, y que coincidía con una parte de la población que se declaraba rusófona y se reconocía étnicamente rusa. Durante su mandato los acercamientos y los procesos de adhesión a la Unión Europea habían continuado, y el cambio de doctrina de las fuerzas militares para acercarse conceptualmente a los postulados de la OTAN se había materializado en las políticas correspondientes al sector. Sin embargo, los problemas de corrupción habían crecido con fuerza, haciendo que las presiones ciudadanas, sobre todo en las regiones y ciudades del centro y occidente del país crecieran con rapidez. Para noviembre del año 2013 Yanukóvich se vio envuelto en un conjunto

---

26   Menon y Rumer, 2015, página 65.

de disputas y presiones entre los Estados líderes de la Unión Europea y la ciudadanía ucraniana del centro y occidente del país, representada en diversos movimientos y partidos políticos, para firmar los acuerdos de inicio del proceso de ingreso a la Unión Europea, de un lado, y del otro, las presiones del Kremlin como gobierno, y de Putin en persona, para impedir que se firmaran estos acuerdos, haciéndole una serie de contraofertas que iban desde el otorgamiento de créditos a intereses bajos hasta la venta de gas a precios subsidiados.

El día 21 de noviembre de 2013 Yanukóvich suspendió las negociaciones con la Unión Europea, viajó luego a Moscú para reunirse con Putin, con el fin de establecer puntos de acuerdo y realinear la dirección de Ucrania. Pero, de nuevo, a partir de ese día, se iniciaron fuertes movilizaciones sociales que exigían la firma del presidente del acuerdo que daba inicio al proceso de adhesión a la Unión Europea, que se tomaron como lugar de las concentraciones la Plaza de la Independencia de Kiev, conocida públicamente como la plaza "Euromaidán". A medida que las movilizaciones cobraron más fuerza, fue evidente que la oposición política fue tomando un liderazgo inusitado, derivando hacia exigencias políticas de democracia directa y la dimisión del presidente de su cargo. Igualmente fue frecuente, desde los movimientos llegados desde el occidente del país, especialmente de la ciudad de Leópolis, que se acusara a Yanukóvich de traición. Las acusaciones y reclamos políticos aumentaron a medida que el presidente exigió que la policía, con las unidades especiales llamadas Berkut, se comprometiera en la represión directa, se enfrentara a los manifestantes y disolviera las confrontaciones. Para muchos de los líderes de los protestantes no se trataba solo de indignación política, sino que era una revolución exigiendo una salida democrática, el acercamiento a Occidente y tomar distancia de Rusia y de Putin. La crisis política aumentó y el movimiento social y político concentrado en la Plaza de la Independencia empezó a ser conocido como la Revolución de Euromaidán, y que en un giro cruento, fue derivando en acciones violentas tanto de parte de la policía[27], que actuó con brutalidad, como de los manifestantes, en tanto que parte de estos últimos fueron incrementando la opción de entrar en revolución en sentido pleno, es decir, a la toma violenta del poder[28], de instituciones y de propiedades a nombre de una idea[29].

El 20 de febrero de 2014 Yanukóvich accedió a la firma de un acuerdo con los opositores, en gran parte producto de la mediación de los Estados europeos, pero la firma del acuerdo se realizó el día 23 de febrero. Este acuerdo implicaba la restauración de la Constitución en su estructura de 2004 para limitar los poderes de quien ocupara el cargo de primer ministro, la formación de un nuevo gobierno de unidad nacional, el diseño de una futura Constitución nacional que debía ser culminada hacia septiembre del mismo año, y una nueva elección presidencial

---

27   Smale, Alison. "Tending their wounds, vowing to fight on". En: *The New York Times*, 5 de abril de 2014.

28   Muchos miembros de la oposición, movilizados en las protestas, "Se armaron con rifles de caza, garfios y cócteles molotov. El 22 de enero sonaron los primeros disparos. Dos manifestantes resultaron muertos y otro herido": Gessen, 2018, página 474.

29   Menon, Rajan. 2018. *The Ukrainian night: An intimate history of revolution*. Yale University Press.

para el mes de diciembre[30]. El día 22 de febrero Yanukóvich huyó de Ucrania con destino a Rusia, en donde fue evitado por Putin, para terminar siendo destituido por el Parlamento ucraniano el 25 de febrero por una mayoría claramente visible que, de paso, nombró nuevas autoridades al frente del país, y derogó las leyes de lenguas cooficiales que ubicaban al ruso como una de ellas en el oriente del país.

La interpretación que Putin asumió de todo este proceso fue que el presidente Yanukóvich había caído producto de un golpe de Estado, y actuó en consecuencia, lo que en la práctica era desplegar tropas para por fin retomar la península de Crimea, el objetivo geopolítico más destacable para Rusia desde la implosión, y en cuyo soporte actuaba la declaración de ilegalidad que en 1992 había emitido el Parlamento ruso sobre la transferencia de Nikita Jrushchov de la península a Ucrania. A partir del 27 de febrero llegaron tropas rusas sin insignias ni banderas, que además no usaban comunicaciones por radio, y que eran grupos combinados de tropas de infantería convencional, con infantería de marina, y movimiento de buques de la flota del mar Negro, con el fin de copar las tropas ucranianas y sacarlas de las bases militares que ocupaban. Las tropas ucranianas en la mayoría de los casos evitaron el enfrentamiento militar con los rusos, y se dividieron entre los que se pasaron de bando, los que se entregaron y los que desertaron. Así, desde el 27 de febrero de 2014 los rusos tomaron Crimea, con el pretexto político de estar protegiendo a la población local rusófona, incluyendo a los tártaros contemporáneos, que parecían decantarse por ser

30   Menon y Rumer, 2015, página 80.

reconocidos como ciudadanos rusos. El alcalde de Sebastopol, apoyado por el ayuntamiento, declaró la anexión a la Federación de Rusia en calidad de unidad territorial federal, al mismo tiempo que desde Rusia se posicionaba el discurso, que ya para la época estaba claramente desarrollado después de la guerra en Georgia en 2008, y de las acciones en Transnistria, de acudir a la protección de las ciudades rusas, de los rusófonos y de todos aquellos que querían retornar, eso sí, con sus territorios a Rusia. Esto hizo que la operación de Crimea fuera ampliada por la apertura de las hostilidades en las regiones de Donetsk y Lugansk, en donde surgieron milicias apoyadas, entrenadas y armadas por Rusia, e incluso con la continua participación de tropas rusas con equipos militares sofisticados, aunque oficialmente tal situación no se haya reconocido hasta el día de hoy.

Rusia obtuvo lecciones claras sobre la intervención en Crimea: las potencias occidentales no intervendrían en caso de una acción bélica determinante, algo que ya había pasado con la guerra en Georgia en 2008, y aceptarían una política de hechos cumplidos una vez las acciones militares cesaran[31]. Las mayores acciones serían las de imponer sanciones económicas, que, si bien tenían efectos sobre la economía rusa, también los tendrían sobre las economías occidentales, y en esa medida era de suponer que dichas sanciones solo fueran parciales, e incluso moderadas, para evitar los entornos económicos que se beneficiaban de las inversiones y los gastos rusos, tanto de compañías

---

31   Una lectura estratégica sobre las lecciones que surgieron con base en las operaciones militares de Rusia sobre Crimea y el oriente de Ucrania, se encuentra en el documento analítico de la Rand Corporation titulado "Lessons from Russia's Operations in Crimea and Eastern Ukraine", escrito por un grupo de seis analistas, y publicado en 2021.

como de las instancias estatales y las personas naturales. Más allá de esto fue evidente que las potencias occidentales, empezando por Estados Unidos, descartaban de plano considerar una acción militar que pudiera retomar las consideraciones estratégicas sobre la península, como en la guerra de Crimea de 1853.

Quizá la respuesta más contundente que tuvo impacto político dentro del Kremlin, y según los biógrafos y conocedores más cercanos de Vladímir Putin, en las perspectivas que este construye sobre la proyección de su país, fue la declaración que hizo Barack Obama, en ese momento en ejercicio de la presidencia de Estados Unidos, cuando afirmó a propósito de los hechos acontecidos en Ucrania que Rusia era, en el mejor de los casos, una potencia regional que amenazaba a sus vecinos, y no tanto producto de la fortaleza, sino de la debilidad[32]. Sin embargo, el ejército ucraniano debió iniciar una respuesta en solitario, dando por perdida de facto la península de Crimea, y enfrentándose a una guerra separatista para la que alcanzó a movilizar más de 35 000 tropas, según informaron diversas fuentes sobre el terreno, estacionándolas sobre las fronteras orientales con Rusia. En el contexto del enfrentamiento en la región del Dombás, en medio de discursos prorrusos y de movimientos secesionistas, se produjo la que puede ser considerada como la más fuerte reacción de los Estados occidentales, cuando un avión de Malaysia Airlines fue derribado el 17 de julio de 2014, sobre la región de Donetsk, por un misil presumiblemente de fabricación rusa disparado por las milicias prorrusas, dejando

32   Shear, Michael D. y Baker, Peter. "Obama answer critics, dismissing Russia as a 'regional power'". En: *The New York Times*. 25 de marzo de 2014.

298 muertos, que habían despegado del aeropuerto de Schipol, en Ámsterdam, con destino a Kuala Lumpur en Malasia[33].

Masha Gessen ha rescatado las interpretaciones que diferentes líderes políticos rusos hicieron sobre los efectos de las acciones militares sobre Crimea, indicando cómo además estas fueron el punto de salida de la vida pública y política para muchos de los opositores a Putin. Pero tienen especial impacto y sentido de repercusión política sobre la opinión pública rusa las posiciones presentadas en entrevistas televisivas por uno de los intelectuales rusos más visibles de las últimas dos décadas, denominado por muchos como el principal asesor de Putin: Aleksandr Duguin, considerado el mayor dinamizador del pensamiento geopolítico ruso contemporáneo, a la vez que sus planteamientos son asumidos como estratégicos para los planes del Estado ruso.

Con respecto a las acciones de 2014, entrevistado por el periodista Vladímir Posner, un liberal judío, considerado además un antagonista en todo de Duguin, este último presentó abiertamente sus planteamientos, sin limitaciones ni correcciones políticas, tal y como se puede leer en esta cita en extenso que retomo del texto de Gessen: "Al día siguiente, el programa de entrevistas más popular del país invitó a Duguin. Lo habían entrevistado para la televisión muchas veces, pero esta era una primicia. El programa lo dirigía y presentaba Vladímir Posner, un judío que había trabajado en Estado Unidos. Este era, con mucho, el programa más liberal y prooccidental de la televisión

---

33   Chivers, C.J. "Jet wreckage bears signs of impact by supersonic missile, analysis shows". En: *The New York Times*, 21 de julio de 2014.

rusa, y el hecho de que invitaran a Duguin significaba que este había adquirido el tipo de peso político que lo convertía en un invitado necesario e inevitable. El tono de la entrevista fue de antagonismo –Duguin llegó a decirle a Posner que creía que debían expulsarlo de la televisión–, pero le proporcionó una plataforma para transmitir sus ideas a la mayor audiencia posible. Duguin pudo decir que los acontecimientos de los últimos dos meses –primero Crimea y ahora la guerra en Ucrania oriental– constituían un renacimiento ruso, una "Primavera Rusa". "Estamos empezando a sentirnos orgullosos de nuestro país –continuó diciendo–. Los rusos están comenzando a darse cuenta de que existen en el mundo no solo como objetos pasivos sino como sujetos de la historia. En la medida en que mostremos que nos importan los rusos y los portavoces rusos fuera del país, nuestra sociedad se hará más fuerte, emergerá mejor de un estado de sueño para pasar a un estado de movilización [...]. Vean a las personas que han venido de Crimea: es una especie que no tiene nada que ver con nuestros funcionarios o los ucranianos. Son personas de una nueva generación, un nuevo tipo"[34].

Las declaraciones de Duguin, que obviamente fueron mucho más amplias en esta entrevista, son muy importantes por ser él uno de los recreadores actuales de la llamada tendencia de la geopolítica euroasiática de Rusia, centrada en la idea del eurasianismo, que a su vez es el soporte del nacionalismo más fuerte que acompaña a la Rusia postsoviética. En este sentido, es ineludible indicar que las justificaciones históricas, geopolíticas,

34   Gessen, 2018, páginas 493-494.

culturales, territoriales y nacionalistas que presenta el Kremlin sobre el espacio postsoviético, se estructuran sobre discursos historicistas muy presentes en la política nacional rusa. Parte de estos discursos han permitido dar imagen geográfica al discurso de la Gran Rusia, construido por Duguin y otros intelectuales dedicados a darle forma al nacionalismo ruso contemporáneo. En la década de los años 1990, Duguin, junto con Yegor Letov y el escritor Eduard Limónov, fundaron el Partido Nacional Bolchevique, que se enmarcaba en el conservadurismo más fuerte posible, pero que retomaba todo aquello que pudiese ser considerado parte de los éxitos y las glorias históricas de Rusia, en cualquiera de sus etapas. El escritor francés Emmanuel Carrère escribió una biografía sobre Limónov, en la que lo presenta en medio de su extravagancia, su condición errante, cercano a una especie de anarquismo conservador[35].

En medio de este auge del nacionalismo ruso, de la afirmación de sus aspiraciones imperiales, y ante la necesidad de dar una cobertura legal a la toma militar y hostil de Crimea, el 1 de marzo de 2014 Putin pidió autorización a la Cámara Alta del Parlamento ruso para usar fuerza militar más allá de las fronteras, y a la vez se iniciaron los procesos para la consulta en formato referéndum sobre el futuro de Crimea, que se celebró el día 16 de marzo, con un resultado de 96.77 % de los votantes a favor de integrarse en la Federación de Rusia. Sobra decir que tanto en Ucrania como en la mayoría de los Estados reconocidos en la comunidad internacional rechazaron el referéndum, que se consideró ilegal, y por tanto carente de

---

35   Carrère, Emmanuel. 2012. *Limónov*. Editorial Anagrama.

cualquier condición vinculante. Sin embargo, diversos centros de opinión pública, especialmente el Centro Levada, con Lev Gudkov a la cabeza, indicaron que Putin superaba el 80 % de popularidad después de las acciones sobre la península de Crimea, presentadas como una recuperación de un territorio propio.

## LA DECLARACIÓN DE GUERRA DEL 2022

Al amanecer del día 24 de febrero de 2022[36], las tropas rusas se movilizaron, bajo la orden de acción bélica en formación de ataque, contra Ucrania, luego de que el 22 de febrero Vladímir Putin, presidente de Rusia, hubiese presentado un discurso que, en todas sus consecuencias posteriores, ha sido calificado como la declaración de guerra básica. Este discurso de Putin partía de hacer un balance político, histórico y geopolítico, desde la perspectiva que su gobierno defiende, sobre el mundo que surgió luego de la implosión de la Unión de Repúblicas Socialistas Soviéticas (URSS) en diciembre de 1991, acusando a la Organización del Tratado del Atlántico Norte (OTAN) de expandirse de forma continua sobre las zonas y los Estados que son de interés ruso, y de manera más específica, sobre los territorios que son parte del núcleo de la geografía histórica de Rusia, dejando una alusión implícita, tanto a las extensiones que había logrado el imperio zarista, como el imperio soviético. En este discurso alude al hecho de que la implosión soviética conllevó

---

36 Mars, Amanda. "Biden: 'Putin ha comenzado una guerra premeditada de consecuencias catastróficas'". *El País*, 23 de febrero de 2022.

la necesaria reacomodación de las fuerzas internacionales, y que los tratados internacionales firmados bajo el Gobierno soviético parecería que ya no eran de aplicación jurídica ni de reconocimiento interestatal, llevando a una pérdida de poder y prestigio por parte del Estado heredero de la URSS, la Federación de Rusia, surgida a principios de 1992 bajo el gobierno encabezado por Boris Yeltsin.

En esta misma intervención Putin calificó a los Estados Unidos, la OTAN y los países miembros de la Unión Europea, por consiguiente, de realizar una política intervencionista directa, de imponer un orden internacional a su medida, desconociendo las reglas del derecho internacional, y citó los casos de Irak, Siria y Libia, además de otros en Medio Oriente y África en los que las potencias occidentales —es decir, EE. UU., la UE y la OTAN— han intervenido según su parecer. En este contexto, afirma que si bien EE. UU. es un país importante para el mundo, este se ha convertido en uno donde las mentiras son parte de la vida política, mientras la Rusia postsoviética se ha consolidado como el Estado que ha trabajado honestamente por la estabilidad internacional, recibiendo a cambio la respuesta de los países occidentales con el apoyo a bandas separatistas en diferentes regiones del sur de Rusia, generando conflictos y agravamientos de la seguridad para el Estado gobernado desde Moscú, y recalca que en diciembre de 2021 se intentó de nuevo llegar a acuerdos de estabilización con la OTAN y los Estados Unidos, pero que estos acuerdos no se dieron. Este punto se refiere a la crisis diplomática que, a propósito de las tensiones sobre Ucrania, hizo que surgiera una ronda de negociaciones diplomáticas entre Washington, Moscú y la Secretaría General de la OTAN, que tuvo como punto central la exigencia del gobierno de Putin para que los Estados Unidos y la OTAN suscribieran un tratado bilateral en el que explícitamente se comprometían a no emprender ninguna expansión hacia el oriente del continente, y de manera puntual, a que no incluirían entre sus miembros a países como Ucrania. Desde el lado occidental se hizo la contraoferta de llevar a cabo negociaciones que implicaran el desarme de Ucrania y el desarrollo de medidas de confianza mutua, lo anterior sujeto al desescalamiento de la amenaza militar sobre Ucrania[37].

Aquí es de anotar que la crisis por el balance estratégico sobre las decisiones internacionales que involucran al Gobierno de Kiev, a finales del año 2021, entre EE.UU., la OTAN y Rusia, tiene dos antecedentes coyunturales inmediatos: uno es el acuerdo de cooperación para la seguridad y la defensa firmado por Antony Blinken, secretario de Estado de EE. UU., y por el ministro de Relaciones Exteriores de Ucrania, Dmytro Kuleba, el 10 de noviembre de 2021[38]. El segundo es el conjunto de ejercicios navales realizados en julio de ese mismo año entre las armadas de ambos países, y en los que participaron armadas de más de 32 países invitados, que supuso una alarma en la Federación de Rusia, pues el Kremlin consideró que dichos

---

37 Erlanger, Steven y Kramer, Andrew E. "In Responses to Russia, U.S. Stands Firm on Who Can Join NATO". En: *The New York Times*, febrero 2 de 2022. Véase también al respecto el artículo de Andrea Rizzi en *El País*, del mismo día, titulado "EE. UU. advierte de que reforzará el flanco este de la OTAN si Rusia vuelve a atacar Ucrania".

38 Aslund, Anders. "New US-Ukraine Charter underlines American commitment to Ukrainian security". En *Atlantic Council*, noviembre 15 de 2021.

ejercicios eran una amenaza a su seguridad en el flanco suroccidental y para su flota en el mar Negro. De hecho, se presentó una imprudencia ejecutada por un buque británico que logró activar altos niveles de preocupación en la armada rusa[39].

El discurso de Putin, en este contexto de crisis, llega a su punto más importante cuando indica el fin bélico del mismo como declaración de guerra, en el momento en que afirma que "El problema es que los territorios adyacentes a Rusia, que debo señalar son nuestra tierra histórica, se están configurando como una 'anti-Rusia' hostil, totalmente controlados desde el exterior, que está haciendo todo lo posible por introducir las fuerzas armadas de la OTAN y obtener armas de última generación"[40]. Esta declaración se amplía con el párrafo siguiente: "Para Estados Unidos y sus aliados es una política de contención de Rusia, con obvios dividendos geopolíticos. Para nuestro país es una cuestión de vida o muerte, una cuestión de nuestro futuro histórico como nación. Esto no es una exageración, es un hecho. No solo es una amenaza muy real para nuestros intereses, sino también para la existencia de nuestro Estado y su soberanía. Es la línea roja de la que hemos hablado en numerosas ocasiones. La han cruzado". La perspectiva de amenaza existencial para Rusia por los problemas originados en las relaciones cercanas

39    Hopkins, Valerie; Nechepurenko, Ivan y Kwai, Isabella. "British Warship Deliberately Sailed Close to Crimea, U.K. Official Say". En: *The New York Times*, junio 24 de 2021.

40    Fragmento extraído y traducido del discurso completo de declaración de guerra por parte de Vladímir Putin a Ucrania, 22 de febrero 2022. Véase el discurso completo en *The Print* (24 de febrero de 2022). Obtenido de https://theprint.in/world/full-text-of-vladimir-putins-speech-announcing-special-military-operation-in-ukraine/845714/

establecidas entre Kiev, Washington y la OTAN tienen también otras dos situaciones coyunturales que aumentaron las tensiones a lo largo de 2021: en diciembre de 2017 Donald Trump, quien se suponía que tenía una relación cercana con Putin, abrió la puerta para que su gobierno le vendiera armas a Ucrania, en ese momento gobernada por Petró Poroshenko, además de garantizar el entrenamiento de las tropas de Kiev, en una acción que el Kremlin no dudó de calificar de riesgosa, y que llevaba a una crisis mayor la situación de Ucrania[41]. La segunda es que, en septiembre del año 2021, y luego de un proceso de modernización militar llevado a cabo por el gobierno de Volodímir Zelenski, en la cumbre bilateral EE. UU.-Ucrania, Joe Biden, presidente de EE. UU. desde enero de ese mismo año, recalcó la posición de su país de asistir a Kiev contra la agresión rusa[42].

El discurso del presidente de la Federación de Rusia finalmente se centra en la declaración de realizar una operación militar especial sobre el Dombás, la región oriental de Ucrania que abarca los territorios de Donetsk y Lugansk, donde afirma que allí se ha venido desarrollando un "genocidio" durante ocho años, desde 2014, cuando activistas prorrusos declararon la conformación de repúblicas separatistas que desde su surgimiento han declarado la intención de pertenecer a Rusia. Acusa a la OTAN de estar apoyando a grupos nacionalistas

41 Gordon, Michael R., "Jim Mattis, in Ukraine, Says U.S. Is Thinking of Sending Weapons'. *The New York Times*, agosto 24 de 2017. Véase también: Josh Rogin, en *The Washington Post*: "Trump administration approves lethal arms sales to Ukraine", diciembre 20 de 2017.

42 Karni, Annie. "Biden affirms support against 'Russian Aggression' in meeting with Ukraine's leader". *The New York Times*, septiembre 1 de 2021.

ucranianos de extrema derecha, a los que califica de ser "nazis", en una acción que guarda similitudes, desde su perspectiva, con lo sucedido con el régimen nazi alemán de la Segunda Guerra Mundial cuando invadió Ucrania, que creó unidades punitivas de ucranianos colaboradores con el gobierno impuesto por Berlín. En consecuencia con lo anterior, Putin afirma sin ambigüedades que "Rusia no puede sentirse segura, desarrollarse y existir mientras enfrenta una amenaza permanente desde el territorio de la actual Ucrania".

Un poco más adelante está el núcleo de la declaración de guerra de este discurso, con las siguientes afirmaciones, y las consiguientes órdenes derivadas para las fuerzas militares rusas: "En este contexto, de conformidad con el artículo 51 (capítulo VII) de la Carta de la ONU, con el permiso del Consejo de la Federación de Rusia, y en ejecución de los tratados de amistad y asistencia mutua con la República Popular de Donetsk y la República Popular de Lugansk, ratificados por el Asamblea Federal el 22 de febrero, tomé la decisión de llevar a cabo una operación militar especial".

Con base en el discurso anterior, la declaración de guerra establece el objetivo operacional de las fuerzas militares rusas en los siguientes términos: "El objetivo de esta operación es proteger a las personas que, desde hace ocho años, se enfrentan a la humillación y al genocidio perpetrados por el régimen de Kiev. Con este fin, buscaremos desmilitarizar y desnazificar a Ucrania, así como llevar a juicio a quienes perpetraron numerosos crímenes sangrientos contra civiles, incluso contra ciudadanos de la Federación de Rusia". Y en el siguiente párrafo aparece la exposición política de lo que se puede considerar como el plan de guerra ruso: "No es nuestro plan ocupar el territorio ucraniano. No pretendemos imponer nada a nadie por la fuerza. Al mismo tiempo, hemos estado escuchando un número cada vez mayor de declaraciones provenientes de Occidente de que ya no es necesario acatar los documentos que establecen los resultados de la Segunda Guerra Mundial, firmados por el régimen totalitario soviético. ¿Cómo podemos responder a eso?". Es necesario indicar aquí que tanto Vladímir Putin como la élite gobernante actual de Rusia, junto con los intelectuales rusos dedicados a la geopolítica, orientadores de la estrategia global del Kremlin, suelen pasar por alto el hecho de que cuando en diciembre de 1991, en el bosque de Belovezh, en Bielorrusia, se firmó el pacto con el mismo nombre con las firmas de Boris Yeltsin, Stanislav Shushkevich y Leonid Kravchuk, y se dio lugar a la disolución de la URSS, también se incluyó en dicho pacto la declaración de que esta, la URSS, como sujeto de derecho internacional y realidad geopolítica había dejado de existir.

En el plan de guerra de 2022 Putin señala además una consideración política sobre el supuesto respeto a la soberanía de Ucrania, pero que debe primar el derecho a defender la libertad de elección política, y sobre este, el derecho de la defensa de Rusia, sin que Ucrania sea tomada como rehén de lo que Putin denomina fuerzas extranjeras, en las siguientes palabras: "Los acontecimientos actuales no tienen nada que ver con el deseo de infringir los intereses de Ucrania y del pueblo ucraniano. Están conectados con la defensa de Rusia de aquellos que han tomado a Ucrania como rehén y están tratando de usarla contra nuestro país y nuestra gente. Reitero: actuamos para defendernos de las amenazas que se nos crean y de un peligro mayor que el que ahora acontece. Les pido, por más difícil que sea, que lo entiendan y que trabajen con nosotros para pasar cuanto antes esta trágica página y avanzar juntos, sin permitir que nadie se inmiscuya en nuestros asuntos y nuestras relaciones, sino desarrollándolos de manera independiente, a fin de crear condiciones favorables para superar todos estos problemas y fortalecernos desde adentro como un todo único, a pesar de la existencia de fronteras estatales. Creo en esto, en nuestro futuro común".

El discurso se cierra finalmente con un llamamiento a la rendición militar anticipada de los oficiales militares y los soldados ucranianos, instándoles a no cumplir con las órdenes de combate que pudiesen recibir del Gobierno de Kiev, al que negó toda legitimidad política aceptable.

Es necesario aclarar que este discurso de declaración de guerra, pronunciado por Putin el 22 de febrero, estuvo antecedido del reconocimiento político que la Asamblea estatal rusa hizo el día anterior, 21 de febrero, de las independencias de las provincias separatistas de Donetsk y Lugansk[43], que conforman la región del Dombás, pero cuya separación el Gobierno de Kiev, desde el mismo año de 2014 no solo no reconoce, sino que también ha combatido permanentemente bajo consideraciones políticas y militares de operaciones antiterroristas. A

43  Hopkins, Valerie y Kramer, Andrew E. "Why it matters that Russia just recognized Donetsk and Luhansk". En: *The New York Times*, 21 de febrero de 2022.

este reconocimiento político le siguió la declaración que afirma que el Kremlin desplegaría tropas regulares conformadas con unidades profesionales sobre los territorios de estas regiones separatistas, para garantizar los derechos de las poblaciones prorrusas, detener el supuesto genocidio denunciado tanto por Putin como por el canciller ruso Serguéi Lavrov y el embajador ruso ante la ONU, Vassily Nebenzia, a la vez que estas mismas tropas ejecutarían operaciones encaminadas a garantizar la seguridad rusa, desde el suroriente de Ucrania. La declaración del reconocimiento de las repúblicas separatistas de Donetsk y Lugansk estuvo además definida por la suscripción de acuerdos de cooperación y asistencia mutua, que justificaban legalmente, desde la perspectiva de Moscú, la ejecución de acciones de soporte y auxilio militar. La firma de estos acuerdos implicó, como lo declaró el mismo presidente ruso, que los acuerdos de Minsk dejaban de tener validez, y de ser mandatorios para las partes firmantes.

Pero aunque estos acontecimientos estaban enmarcados en una serie de alertas y advertencias que el Gobierno de Estados Unidos, encabezado por Joe Biden desde el 20 de enero de 2021, venía haciendo de forma directa desde finales de noviembre de ese mismo año, la opinión pública internacional, específicamente la europea, junto con la mayoría de los gobiernos de los Estados de Europa Occidental, parecían empeñados en negar que tal crisis pudiese desembocar en una acción seria, incluso bélica, por parte de Rusia. Hacia el 11 de febrero, el presidente Biden advirtió de nuevo, de forma directa, sobre la muy certera posibilidad de una invasión rusa sobre Ucrania que podría ir mucho más allá de los territorios orientales del Dombás y de la península de Crimea que Rusia se había anexionado militar y políticamente en 2014. Biden, además, recalcó que la operación para esta invasión había sido configurada desde muchos meses antes, evidenciado ello en los diferentes ejercicios militares que las tropas rusas ejecutaban desde mediados de 2021, tanto en territorio ruso, como en el de Bielorrusia, con la participación de las tropas de este país en el conflicto.

En este contexto, Volodímir Zelenski había desestimado en varias ocasiones, sobre todo durante el mes de enero y el inicio de febrero de 2022, una amenaza directa de invasión de Rusia sobre su país[44], para terminar reconociendo a mediados de febrero que Ucrania había quedado rodeada por tropas rusas y bielorrusas por el norte y nororiente, por el oriente y el suroriente, en las áreas con fronteras directas tanto con Bielorrusia como con Rusia, incluyendo el bloqueo marítimo sobre los puertos ucranianos en la costa sobre el mar de Azov, especialmente los de Mariúpol y Berdiansk[45]. Durante las dos semanas siguientes al 7 de febrero, con base en las informaciones de inteligencia y bajo la consideración del evidente movimiento de tropas rusas en disposición de ataque, países tales como Estados Unidos, Japón, Países Bajos, Reino Unido y Letonia fueron pidiendo a sus ciudadanos salir de Ucrania, ante lo que consideraban una amenaza obvia y una inminente acción militar por parte del Kremlin, a la vez que iniciaron los procesos para

44 Sahuquillo, María. "El presidente de Ucrania llama a la calma y afirma que no tiene información sobre una invasión rusa inminente". En: *El País*, 12 de febrero de 2022.

45 Rogers, Katie y Kramer, Andrew E. "White House Warns Russian Invasion of Ukraine Could Happen at Any Time". *The New York Times*, 11 de febrero de 2022.

la evacuación del personal diplomático que pudiera ser prescindible. Algunos de los asesores directos de Zelenski consideraron que este se presentaba tranquilo en público mientras que trabajaba en privado para preparar la respuesta ucraniana a una situación de amplia crisis. Además, parecía ser una coincidencia, por lo menos en lo visible desde la perspectiva de los medios de comunicación, la percepción de la opinión pública de que los organismos de inteligencia de Estados Unidos utilizaban a Ucrania como un peón en medio de una contienda más global con Rusia, y en la que Washington se disputaba retomar el liderazgo de la seguridad europea[46].

En medio de la confusión pública sobre las posibilidades reales de una acción militar rusa, que podría desarrollarse de forma paralela a los Juegos Olímpicos de Invierno en China, el presidente de Francia, Emmanuel Macron, y el canciller alemán, Olaf Scholz[47], en el cargo desde finales del año 2021, tomaron la iniciativa de buscar conversaciones directas con la presidencia rusa para disuadir a Putin de iniciar cualquier acción militar sobre Ucrania. Estas conversaciones parecían partir de los acuerdos de Minsk de 2014 y 2015, en los que Rusia impuso su perspectiva de posconflicto sobre los planteamientos

---

46  "Why Ukraine's president is talking down the threat from Russia". *The Economist*, 5 de febrero de 2022.

47  Scholz se reunió con Putin el 15 de febrero y luego ha sostenido por lo menos dos conversaciones telefónicas directas con el fin de disuadir al presidente ruso de ejecutar acciones militares en Ucrania y, luego, para advertirle de no subestimar el poder de Occidente, esto es, de la OTAN, la Unión Europea y los Estados Unidos. Sin embargo, el canciller alemán ha recibido un creciente y significativo número de críticas por mantener una posición ambigua con respecto a Rusia, toda vez que, si bien mantiene su compromiso con la OTAN y con Ucrania, continúa con la compra de gas a compañías rusas.

estratégicos de Kiev, a fin de buscar nuevos estímulos para Moscú que hicieran ver que una acción militar podría conllevar la pérdida de ventajas políticas, económicas y estratégicas. Macron, por ejemplo, visitó a Vladímir Putin el día 7 de febrero para intentar disuadirlo de que iniciara acciones militares sobre suelo ucraniano y contra el Estado gobernado desde Kiev y sus fuerzas militares. Según informaron las fuentes oficiales francesas encargadas de la política exterior, a raíz de esta conversación, que duró más de cinco horas, Putin se comprometió a no iniciar ninguna actividad militar mientras preparaba las respuestas a las propuestas enviadas por el secretario general de la OTAN y por la Casa Blanca para desescalar la crisis, evitar una ruptura en los diálogos diplomáticos y no llegar a una confrontación. Pero al parecer de esta visita lo más importante que quedó fue la fotografía de la sala en la que Putin y Macron se reunieron, y en la que lo sobresaliente fue la larga mesa, de más de cinco metros, en la que los dos gobernantes conversaron, estando cada uno ubicado a un extremo diferente de la misma. De hecho, varios periodistas y expertos realizaron comentarios tales como que la mesa de la reunión era tan larga como la distancia que separaba las posiciones de Francia y Rusia en este conflicto[48].

Los contactos y las conversaciones de Francia y Alemania vistos desde la distancia que los hechos permiten tomar, y la observación, tanto la declaración de guerra como el despliegue de tropas y la invasión de Ucrania iniciada el 24 de febrero, indican algo que diferentes analistas ya notaban incluso antes del inicio

---

48    Cuesta, Javier G, y Bassets, Marc. "Macron pide a Putin evitar la guerra: 'Los próximos días serán decisivos'". *El País*, 7 de febrero.

de las operaciones militares rusas: las conversaciones sostenidas con Putin desde finales del mes de enero y durante las semanas del mes de febrero anteriores al 24 del mismo mes, tienen una importante similitud con las conversaciones sostenidas con Adolf Hitler, canciller alemán elegido en 1933, en la reunión conocida como conferencia de Múnich en 1938, y en la cual el primer ministro británico de entonces, Neville Chamberlain, así como el primer ministro de Francia, Édouard Daladier, lograron firmar un acuerdo de paz con Hitler para garantizar la estabilidad europea, mientras que sus países, considerados las grandes potencias europeas del momento, aceptaban los hechos consumados de la toma de los Sudetes checos, al igual que la unificación de Alemania con Austria, y la desaparición de esta última como Estado soberano y sociedad independiente.

Esta situación que guarda grandes paralelos con lo que viene aconteciendo en Ucrania desde 2014 ha sido puesta a la luz pública por Nigel Gould-Davies, exembajador británico en Bielorrusia, en un artículo publicado en la revista *Foreign Policy*, titulado "Biden must choose between appeasement and deterrence in Ukraine", de diciembre de 2021, en el que plantea que tanto el presidente Biden como los demás líderes de la OTAN y la Unión Europea han estado teniendo posiciones que han oscilado entre el apaciguamiento, es decir, el intento de disuadir a Rusia de tomar posiciones militares fuertes, y pensar si deberían llegar a la toma de posiciones que supongan una seria contención dirigida a Moscú, evitando que esta última pudiera tomar decisiones de tipo militar y de control territorial directo. Gould-Davies destaca lo que es al mismo tiempo una condición y una realidad determinante, tanto para una política de apaciguamiento, como para una posición de contención y disuasión: Rusia es un Estado dotado con armas nucleares y, a todas luces, con base en los acontecimientos y advertencias observados, cuenta con las capacidades y disposiciones necesarias para tomar la decisión de usar dicho tipo de arsenales. El punto de llegada resulta paradójico en cuanto a las conversaciones diplomáticas de sentido disuasorio con respecto a Vladímir Putin, cuando entre el 19 y el 20 de febrero de 2022 se llevó a cabo la conferencia de seguridad de Múnich, en la que las declaraciones de apoyo económico y militar a Ucrania fueron más que elocuentes, a la vez que el secretario general de la OTAN, Jens Stoltenberg, intervenía para aclarar que Ucrania no era miembro de la organización y, por tanto, era limitada la posibilidad de acudir en su asistencia militar, lo que directamente era una aclaración de importancia para el Kremlin y de la que Putin tomaba atenta nota, mientras la suerte de Ucrania parecía ya definida en los círculos políticos y militares rusos.

En este panorama era evidente que para Rusia, para Putin en particular, y para el Kremlin, en tanto estructura institucional que conforma el Gobierno del Estado ruso actual, Ucrania no es un Estado soberano, o cuando menos uno que pueda reclamarse soberano en sentido pleno, toda vez que el *casus belli* resulta estar centrado en el derecho que pueda tener o no el gobierno que esté asentado en el poder institucional en Kiev para decidir libre y abiertamente aquello que considere que le conviene como Estado y a la sociedad que gobierna. Dicho de otro modo, la guerra, en última instancia, tiene la finalidad de impedir que el Gobierno de Kiev se adhiera a la OTAN, e incluso a la Unión Europea, como reiteradamente lo ha advertido tanto Putin, y tal y como lo hizo en su momento Dimitri Medvedev, cuando fungió como presidente ruso entre 2008 y 2012, así como también Serguéi Lavrov y otros funcionarios más. Este *casus belli* está sustentado en un reclamo y una perspectiva histórica claramente presentes en el discurso de declaración de la guerra, cuando Putin afirmó en la presentación del mismo que Ucrania hace parte de los territorios históricos de Rusia, poniendo de presente una dimensión geopolítica en el conflicto; algo que diferentes analistas y académicos europeos y norteamericanos consideraban ya desaparecido en la política estatal contemporánea.

## LAS OPERACIONES MILITARES

Las operaciones militares iniciadas por la Federación de Rusia contra Ucrania a partir del 24 de febrero se enmarcan en una guerra clásica imperial que ha implicado el despliegue de una capacidad de operaciones de armas y tropas combinadas. Se enviaron tropas, armas y equipos militares para atacar por aire, tierra y mar, desde por lo menos diez puntos de entrada diferentes sobre el territorio considerado objeto de disputa, con un número total de soldados que superaba los 150 000, según diversas fuentes[49]. El objetivo de la guerra, según se ha declarado desde el inicio de los ataques militares, era el de "desmilitarizar y

---

49    Sahuquillo, María. "Rusia lanza un ataque por tierra, mar y aire contra Ucrania y se acerca a la capital". En: *El País*, 23-25 de febrero de 2022.

desnazificar el régimen corrupto" de Kiev, a la vez que defender a la población del Dombás del "genocidio" al que denuncian ha sido sometida de forma permanente desde el año 2014.

El despliegue de las tropas rusas se hizo desde cuatro puntos: los terrestres son las áreas de la fronteras rusas al oriente del país, más la península de Crimea, junto con los puntos de entrada desde el territorio de Bielorrusia, sumando a esto las capacidades navales rusas comprendidas en la flota del mar Negro, cuyo punto de operaciones básicas es el puerto de Sebastopol, en la práctica perdido por Ucrania por las operaciones militares de 2014 sobre la península, y que ha servido de apoyo para el despliegue de la capacidad naval hacia los puertos de Odesa y Jersón en el costa ucraniana del mar Negro, y hacia los de Berdiansk y Mariúpol en la costa ucraniana del mar de Azov. El desplazamiento de las tropas rusas desde el oriente contó con puestos de avanzada por el despliegue iniciado por las unidades militares rusas desde el día 21 de febrero en supuesto apoyo a las repúblicas de Donetsk y Lugansk, pero sobre el territorio de estas dos provincias rebeldes ucranianas ya habían movilizado tantas tropas rusas como unidades militares separatistas, que les abrieron el camino y anticiparon los ataques rusos.

Los ataques del 24 de febrero, tal y como ha señalado el Institute for the Study of War, se acompañaron de bombardeos con una mezcla de misiles de corto y largo alcance, incluyendo misiles de crucero y misiles lanzados desde el mar Negro, en lo que se estima que tuvieron una participación directa por lo menos 75 bombarderos rusos. Los ataques se llevaron a cabo siguiendo cuatro ejes de despliegue de fuerzas y toma de territorios:

1. Bielorrusia-Kiev.
2. Jarkiv.
3. Dombás.
4. Crimea-Jersón.

A pesar de la clara superioridad en pie de fuerza de la infantería rusa, de la capacidad armada y de la superioridad aérea, las tropas de Ucrania desde el primer día han ido estableciendo una capacidad de respuesta que, si bien es limitada, ha sido sostenida, y con capacidad para contener e incluso contraatacar a las fuerzas rusas, al tiempo que se han derribado aviones y helicópteros de ataque rusos. Ello ha sido posible por la incapacidad del ejército atacante de establecer la superioridad aérea definitiva, y la imposibilidad para evitar el abastecimiento de armas para el ejército ucraniano desde los Estados occidentales, sean o no miembros de la OTAN, entre los que se destacan Polonia, Francia, Alemania, España, Finlandia y Suecia.

La estrategia rusa, según lo que se puede inferir ante la falta de información que se tiene en un momento en el que la guerra aún sigue en desarrollo, se basa en la concepción de una guerra relámpago, dados la superioridad material para la ejecución de las actividades bélicas y el supuesto dominio previo que los rusos tenían sobre el territorio ucraniano, acompañado de una clara intervención de inteligencia por parte de los servicios de espionaje civiles y militares rusos sobre el Estado ucraniano, sus capacidades militares, y la clara ubicación de las infraestructuras críticas, lo que fue evidente con la destrucción de carreteras, ferrocarriles, aeropuertos y la toma de las centrales nucleares[50]. La acción sobre estas centrales se explica por dos razones claras: una proporción importante de la energía eléctrica consumida en Ucrania proviene de las mismas y porque, adicionalmente, se supone que el control por parte del ejército ruso impediría a los ucranianos desarrollar programas militares basados en el uso de energía nuclear.

Los bombardeos y combates de las primeras cuarenta y ocho horas tomaron como objetivo de ataque a diversas ciudades, empezando por las que están cerca de las fronteras, donde las fuerzas militares ucranianas, especialmente la infantería y la fuerza aérea, debieron irse retirando frente al avance de las tropas rusas. En el caso de Kiev, sometida a diversos bombardeos desde el comienzo, con la amenaza de búsqueda, captura, enjuiciamiento y posible ejecución del presidente Volodímir Zelenski y los miembros de su gobierno, se convirtió en la principal medida de victoria militar[51]. Ello explica que una parte sustancial de los ejércitos de infantería movilizados desde Bielorrusia se dirigieran hacia la toma de la planta de Chernóbil, y una vez asegurada, iniciarían la toma de posiciones para el asedio a Kiev[52].

50    Sanger, David E. "Blitzkrieg or minor incursion? Putin's choice could determine world reaction". En: *The New York Times*, febrero 20 de 2022.

51    "Kyiv prepares for a grueling siege". En: *The Economist*, marzo 1 de 2022.

52    "Russian forces seize Chernobyl nuclear power plant". *BBC News*, febrero 25 de 2022.

El presidente Zelenski, que antes del inicio de la invasión había tenido una posición cuando menos ambivalente en cuanto a aceptar públicamente o no la amenaza de dicha acción rusa, asumió de forma directa la conducción de la guerra al lado del mando castrense, se dejó ver en ropa militar, e inició una campaña de comunicaciones dirigida, tanto a los ciudadanos de su país, como a los europeos para solicitarles ayuda e involucramiento en la guerra, señalando que esta no es solo una guerra contra Ucrania, sino también contra toda Europa y, en últimas, contra las democracias[53]. Esta idea ha sido recogida por Josep Borrell, el alto representante de la política exterior de la Unión Europea, quien ha indicado que esta guerra despeja una condición de confrontación entre los Estados gobernados bajo estructuras políticas autoritarias, y los Estados definidos y gobernados con modelos democráticos[54]. En otros llamados que hizo Zelenski desde el comienzo de la guerra ha decidido dirigirse a los ciudadanos rusos, hablando en ruso, que es su lengua madre, para pedirles que se opongan a la guerra y detengan al gobierno de Putin. Paralelamente, Zelenski declaró la ley marcial, obligando a todos los hombres entre los 18 y los 60 años a prestar servicios militares de defensa, ya fuese dentro de unidades de combate o a través de grupos de apoyo a los combatientes[55]. A la vez que estos esfuerzos estatales se fueron desplegando en las primeras 48 horas de combate, se organizaron los batallones de apoyo

---

53  "How Volodymyr Zelensky found his roar". *The Economist*, febrero 26 de 2022.

54  Discurso de Josep Borrell pronunciado en la Eurocámara el día 2 de marzo de 2022.

55  Santora, Marc. "How one month of war in Ukraine ground to a bloody stalemate". En: *The New York Times*, marzo 24 de 2022.

propiamente paramilitares, de autofinanciación, definidos casi todos en los marcos del nacionalismo ucraniano más fuerte, muchos de los cuales se han entrenado desde 2014, ya sea por cuenta propia o con apoyo de la infantería ucraniana, en el combate contra las unidades separatistas del Dombás, entre las que ha habido tropas rusas regulares, aunque este hecho no haya sido reconocido plenamente tanto por Rusia, país agresor y patrocinador de los grupos secesionistas, como por Ucrania, Estado bajo asedio y en proceso de pérdida de territorios.

El inicio de las operaciones, tal y como se ha podido observar a través de diversas fuentes de información y análisis, se enmarca en una guerra clásica, en el sentido de que ha concentrado una fuerza militar superior a la que iba a ser atacada, dotada de todos los instrumentos, armamentos y equipos militares disponibles para superar a las fuerzas contrarias en una acción rápida desde los primeros despliegues militares, copando y superando a las fuerzas de defensa enemigas, y con base en dichas tácticas pasar a la toma y control del territorio sometido. Ello es visible en el hecho de que las fuerzas militares rusas fueron mucho más allá de los objetivos inicialmente declarados por Putin al momento del despliegue de las tropas, la defensa del Dombás, y bajo el supuesto de desmilitarizar y "desnazificar" a Ucrania, hicieron ataques simultáneos en el norte desde Bielorrusia, abarcando el arco que va desde el nororiente al suroriente, incluyendo las costas del mar de Azov y las costas ucranianas del mar Negro. Esta guerra clásica ha implicado el despliegue de un número significativo de tanques de guerra y de diferentes tipos de vehículos blindados, de transporte de tropas y de logística, en una estrategia muy similar a las desplegadas por la Wehrmacht alemana durante la Segunda Guerra Mundial, en diferentes ataques, incluyendo la invasión de Polonia en 1939, así como el ataque a Francia, y posteriormente el ataque sobre la URSS, luego de traicionar el Pacto Ribbentrop-Molotov firmado entre los gobiernos de Adolfo Hitler y José Stalin con el fin de establecer un reparto sobre los territorios de Europa Central, específicamente los de Polonia[56]. Durante las cuatro primeras semanas de la guerra en Ucrania, durante este 2022 fueron visibles en distintos momentos largas columnas de tanques dirigiéndose a distintos núcleos urbanos, especialmente a Kiev, en donde fueron visibilizados a través de mecanismos de fotografía aérea con drones y columnas de vehículos blindados que cubrían decenas de kilómetros de carreteras.

Igual que los alemanes, tanto en la Primera, como en la Segunda Guerra Mundial, los rusos en Ucrania han desplegado arsenal aéreo para destruir las capacidades militares y las instituciones gubernamentales de Ucrania, y junto con una fase aguda de la guerra iniciada luego en la tercera semana, la fuerza aérea rusa ha usado su capacidad de bombardeo para destruir edificios residenciales y estructuras civiles como escuelas, hospitales[57] y lugares de atención y/o refugio de civiles, tales como centros

---

56  Lawrence Freedman permite un análisis detallado de este tipo de estrategia que hoy se puede considerar clásica en las guerras modernas, en los capítulos 9, 10 y 11 de su libro *Estrategia*, Editorial La Esfera de los Libros, Madrid, 2016.

57  Sahuquillo, María. "Ucrania acusa a Rusia de la 'atrocidad' de bombardear una hospital materno-infantil en la asediada Mariúpol". En: *El País*, 9 de marzo de 2022.

comerciales, teatros[58] y otros más. Esta capacidad aérea, como quedó en evidencia desde las primeras veinticuatro horas de ataque, se apoyó con el uso de misiles lanzados desde buques ubicados en el mar Negro, entre los que se destacan los misiles Kalibr, con un alcance de entre 1500 y 2500 kilómetros, y que son disparados desde buques dotados con las lanzaderas correspondientes.

El otro aspecto clave de las capacidades armamentísticas de Rusia en la guerra ha sido el despliegue de la artillería pesada convencional, de la que Rusia posee una gran cantidad de equipos, muchos de los cuales han sido trasladados a las zonas de combate y asedio contra las bases áreas, objetivo de la guerra en territorio ucraniano. Esta capacidad de artillería ha obligado a la activación de alarmas antiaéreas y al uso de refugios contra bombardeos construidos, en su mayor parte, durante la Segunda Guerra Mundial.

Esta combinación de las formas clásicas de la guerra sobre Ucrania abrió el camino para un estrategia antigua de la guerra, ampliamente practicada por Rusia en diferentes intervenciones militares desde la década de 1990: el asedio y toma de las ciudades, recreando las escenas de la guerra urbana[59], y en donde de nuevo es evidente el aprendizaje de las acciones militares en las áreas urbanas acometidas por distintos ejércitos durante la Segunda Guerra Mundial, lo que incluye bombardeos aéreos intensos, pero llevados al extremo en las tácticas rusas

---

58  Sahuquillo, María. "Ucrania cifra en 200 los muertos en el bombardeo del Teatro Dramático de Mariúpol". En: *El País*, 25 de marzo de 2022.

59  "Russia's way of conducting urban warfare bodes ill for Kyiv". En: *The Economist*, 26 de febrero de 2022.

desarrolladas desde las dos guerras chechenas de 1990, hasta el uso de la artillería pesada de forma constante para buscar la destrucción de las infraestructuras críticas de las ciudades[60]. Adicionalmente, Rusia parece haberse preparado para la guerra urbana en la medida en que preparó carros de combate urbano llamados "BMP", y entrenó unidades para el combate callejero y en edificios de habitación de ciudadanos civiles, o en ruinas. De esta forma, el asedio urbano puesto en vigencia de nuevo por las tropas rusas en la invasión ucraniana tomó como objetivos la destrucción de los servicios de distribución de agua y energía eléctrica, junto con cortar las señales de acceso a los servicios de telefonía, internet, televisión y radio. Con estas acciones también se busca devastar los servicios de distribución de alimentos, de atención de salud general y de atención médica especializada, y la destrucción de cualquier lugar que sirva de refugio civil o de posible uso militar. Este procedimiento se ha practicado, desde los primeros días de combate hasta el momento en el que se escribe este texto, más de un mes después de iniciada la guerra, en ciudades y áreas urbanas tales como Járkov, en el nororiente; Jersón, en el sur; Mariúpol en el oriente, sobre la costa en el mar de Azov, junto con Kiev[61],

---

60   Las referencias a la guerra urbana durante la Segunda Guerra Mundial son abundantes; entre las que se pueden citar como trabajos centrales para entender su impacto en las dinámicas bélicas, el del historiador británico Norman Davies, *Varsovia, 1944. La heroica lucha de una ciudad atrapada entre la Wehrmacht y el Ejército Rojo*, Editorial Planeta, Barcelona, 2005; los libros de Antony Beevor, *Berlín, la caída: 1945*, de editorial Crítica, 2002, Barcelona; y *Stalingrado*, también de Editorial Crítica, 2000, Barcelona.

61   La gran ironía es que Kiev, al igual que muchas de las ciudades ucranianas, están de nuevo bajo asedio militar como durante la Segunda Guerra Mundial, tanto por la conquista del ejército alemán, como por la reconquista por el ejército soviético. El marco del trabajo del historiador militar inglés Antony Beevor, muestra con claridad

crecientemente sometida al asedio constante de bombardeos de artillería pesada, bombardeos aéreos, e incursiones de unidades de vehículos blindados, tanques y unidades de infantería.

Esta guerra urbana ha tenido uno de sus momentos de mayor destrucción y de terror sobre la población civil en la ciudad de Mariúpol, de la que los ciudadanos que han podido escapar hacia los territorios occidentales de Ucrania, o han podido escapar hacia los países occidentales, han relatado que la ciudad ha ido quedando literalmente destruida, algo que los reporteros internacionales han representado y visualizado en mapas, fotografías, reportajes, señales de televisión y videos. En Mariúpol, al igual que en otras ciudades ucranianas, la destrucción de los centros comerciales ha sido un objetivo militar evidente, pues con ello se destruyen infraestructuras que pueden desplegar el triple propósito de ser refugio de civiles, lugar de concentración de unidades militares y de puntos de reconstrucción de las actividades económicas en la posguerra, infligiendo un daño económico mayor, adicional al terror sobre los civiles[62]. MacFarquhar y Kramer afirman en su artículo citado que "La fiera destrucción de centros comerciales en Kiev, la capital, el lunes, fue la más dramática demostración de que las fuerzas rusas de artillería apuntan con cohetes y bombas tanto a los objetivos civiles como a los militares, después de fallar en la toma rápida de las grandes ciudades de Ucrania en los días posteriores al 24 de febrero". Durante el primer mes

cómo la ruta ucraniana fue una de las principales durante la guerra. Véase: *La Segunda Guerra Mundial*, Editorial Pasado y Presente, cuarta edición, 2018, Barcelona.

62   MacFarquhar, Neil y Kramer, Andrew E. "Russian Pound Ukrainian cities, as Biden rallies anti-Kremlin Alliance". En: *The New York Times*, 21 de marzo de 2022.

de la guerra, la suerte de Mariúpol se convirtió en una especie
de admonición de lo que le esperaba a Kiev, si caía en manos
rusas o si se convertía en el centro de la guerra urbana rusa, lo
que demostraría además que los objetivos de la guerra eran la
invasión, conquista y posible anexión territorial de Ucrania en
la Federación de Rusia, independiente de que ello se pudiera
conseguir o no.

De esta forma, la guerra urbana ha sido una marca que los
rusos han ido dispersando en el territorio ucraniano, dejando
diversas ciudades severamente destruidas; incluso en algunas se
ha puesto en duda su posible reconstrucción en la posguerra,
o la posibilidad de un reinicio de la vida civil de forma plena.
En ciudades como Jarkiv, igual que en Mariúpol[63], o Kiev, o en
ciudades pequeñas o pueblos como Chernígiv o Irpin, una proporción importante de la población ha huido, principalmente
hacia las regiones occidentales del país y fuera de este. Las ruinas
urbanas que han surgido luego de los bombardeos, los asedios
y los combates están convirtiendo a muchas de estas ciudades
en lugares de muy difícil, si no imposible habitación, y menos
aún posible reconstrucción de las actividades económicas y
civiles abiertas[64].

63   La destrucción reportada sobre la ciudad de Mariúpol para muchos ha recordado
      lo que fue el asedio a Leningrado, hoy San Petersburgo, durante la Segunda Guerra
      Mundial, que ha sido puesto en conocimiento público de nuevo con el brillante
      trabajo de la historiadora Anna Reid en el libro *Leningrado. La tragedia de una ciudad
      asediada 1941-1944*, publicado en español este 2022 por el sello editorial Debate,
      Barcelona.

64   Cave, Damien e Isay, Vjosa. "The estate of fighting in Ukraine's besieged cities". En:
      *The New York Times*, marzo 24 de 2022.

Pero aquí es necesario señalar una realidad no muy comprendida en la opinión pública de las consecuencias de atacar a la población civil en las ciudades: se trata no solo de destruir militar y políticamente al enemigo, sino también de coparlo con la necesaria atención a la población desarraigada, desplazada, y en situación de colapso humanitario, lo que impide que pueda dedicar fuerzas militares a la defensa de las ciudades sitiadas y, en consecuencia, debe dedicar parte de los recursos militares a atender civiles, además de que los mismos, con el paso de los días, como se ha observado en diferentes conflictos desde la Primera Guerra Mundial, tienden a entrar en disputas serias por las limitadas opciones que se tienen y se observan para la supervivencia. De esta forma, destruir ciudades es tanto una táctica en las operaciones militares, como una forma de impedir la reconstrucción de la sociedad sometida a las acciones bélicas.

Otro de los asuntos problemáticos con la ejecución de las tácticas de guerra urbana es que se han ido evidenciando, para la opinión pública internacional, los problemas religiosos e identitarios involucrados en la invasión sobre territorio ucraniano. Dentro de estos ha tenido un impacto destacado que desde la primera semana de la guerra las autoridades civiles y religiosas de Ucrania pidieran de forma reiterada a las tropas rusas evitar el bombardeo sobre la catedral de Santa Sofía en Kiev, un templo cuya construcción está fechada en el siglo XI, y que se considera un punto referencial en la construcción de las tradiciones ortodoxas eslavas. Sin embargo, desde la anexión rusa de Crimea en el año 2014, y con el inicio de las hostilidades militares de los separatistas en el Dombás en el mismo año, también se inició un proceso de cisma dentro de la Iglesia ortodoxa con sede en Moscú, y encabezada por el patriarca Cirilo, que llevó a que en los años posteriores los representantes de la Iglesia ortodoxa nacional de Ucrania buscaran que el patriarca de Constantinopla, Bartolomé, diera reconocimiento y legitimidad a la Iglesia de Kiev, convertida ahora en una iglesia nacional autocéfala, separada de Moscú, con su propio entorno metropolitano, asentada en la catedral de San Miguel de las Cúpulas Doradas, y encabezada por Epifanio I de Ucrania. La contraparte religiosa de la guerra, la Iglesia ortodoxa de Moscú, encabezada por el nacionalista patriarca Cirilo, ha declarado esta como una guerra santa, que tiene su propio objetivo de acabar con el cisma consolidado a partir de 2018. Epifanio I de Ucrania ha dado su apoyo público a la resistencia ucraniana contra Rusia, dejando claro que la religión también, como desde la Antigüedad, tiene un papel central en esta guerra, que además es urbana, tan urbana como las iglesias ortodoxas[65].

Pero la estrategia militar rusa se complementa con otra perspectiva de la guerra contra Ucrania, ampliamente usada por Rusia como ejército pionero en la guerra contra Georgia en 2008, que es la llamada guerra híbrida. Este término que es de origen occidental, acuñado por el general James Mattis y el coronel Frank Hoffman en el año 2005, fue mejor desarrollado como concepto bélico operacional por Hoffman, y da a entender que bajo este se pueden coordinar y estructurar de forma clara una diversidad de opciones, mecanismos y posibilidades

---

65    Kramer, Andrew E. "Also at stake in Ukraine: The future of two Orthodox churches". En: *The New York Times*, 2 de marzo de 2022.

de acciones militares y no militares, para conseguir un resultado aceptable en una operación militar[66]. Este concepto conlleva que se coordinen mecanismos militares tradicionales y las fuerzas convencionales, las opciones del terrorismo, la insurgencia, la delincuencia, las operaciones de información, más las actuales de pirateo y saboteo informático, interrupción y destrucción de las infraestructuras de telecomunicaciones, y finalmente, la emisión de noticias asumidas como difusión de propaganda, el uso de canales de televisión estatal o de agencias de noticias. En este contexto cabe indicar que la acción militar rusa en Ucrania se ha caracterizado por el desempeño de una guerra híbrida abierta, que involucra todos los aspectos, que abarcan desde la disputa por las versiones de la historia o el revisionismo histórico, del que se ha señalado como principal promotor a Putin y los intelectuales allegados al Kremlin, hasta las acciones de secuestro de civiles ucranianos por parte de militares rusos, denunciados por las autoridades ucranianas, desde la tercera semana de la guerra[67].

Y existe aún un aspecto militar adicional de la guerra en Ucrania: la amenaza del uso de armas nucleares por parte de Rusia. Entre los días 24 y 25 de febrero las intervenciones de Putin, de cara a aclarar internacionalmente los alcances de la intervención militar rusa, fueron explícitas en advertir que cualquier fuerza que acudiese en auxilio de Ucrania, en el marco de la actual guerra, recibiría una respuesta contundente, de la cual

66    Freedman, Lawrence. 2019. *La guerra futura. Un estudio sobre el pasado y el presente*. Editorial Crítica, Barcelona. Página 344.

67    "Ukraine War: civilians abducted as Russia tries to assert control". *BBC News*, 25 de marzo de 2022.

las generaciones actuales no tienen conocimiento. Para muchos observadores lo que estaba detrás de esta declaración era la amenaza del uso de armas nucleares con el fin de prevenir la intervención de fuerzas de la OTAN o de Estados Unidos en el territorio ucraniano, en un intento deliberado por aislar la guerra en curso como un campo de acción propio y exclusivo de los rusos contra los ucranianos. El canciller ruso, Serguéi Lavrov, en una entrevista con la cadena de noticias Al Jazeera, advirtió que una respuesta a las sanciones económicas drásticas puede estar en el uso devastador de armas nucleares, lo que se convertía en la segunda advertencia rusa sobre el posible uso de estas armas, que estaba precedida por la orden dada por Putin a los mandos militares, el 27 de febrero, para la activación de las fuerzas de disuasión estratégicas que incluyen el comando nuclear[68]. Con el avance de la guerra, la amenaza del uso de armas nucleares por parte de Rusia permanece abierta, y sería la primera realizada en una guerra con grandes potencias nucleares de alcance global involucradas desde los ataques norteamericanos a las ciudades japonesas de Hiroshima y Nagasaki, durante la Segunda Guerra Mundial, en 1945. Durante la tercera semana de la guerra, el mismo Putin y otros oficiales del Kremlin han introducido un leve matiz sobre dicha amenaza al decir que este tipo de armas solo serían usadas si Rusia se sintiese existencialmente amenazada, pero sin aclarar qué es una amenaza existencial[69].

---

68  "Russia's Lavrov: A Third World War would be nuclear, destructive". *Al Jazeera*, 3 de marzo de 2022.

69  Paybarah, Azi. "A Kremlin spokesman says Russia could use nuclear weapons if there is 'an existential threat for our country'". En: *The New York Times*, 22 de marzo de 2022. Es importante indicar en este punto que la ocasión anterior en que se hizo una

En esta amenaza rusa sobre el uso de armas nucleares surge el problema de que los límites para el uso de las mismas no existen desde que expiraron las vigencias previstas para el Tratado de Fuerzas Nucleares de Alcance Intermedio que fue negociado en 1987, entre los Estados Unidos y la URSS, aunque sigue vigente el Tratado de Reducción de Armas Estratégicas, negociado en 2010 y que expira en 2026; y junto a este, el Tratado de No Proliferación, al que pertenecen países que apoyan el uso de armas que no sean de destrucción masiva, entre ellas, de forma central, las nucleares. Este tratado funciona desde 1968 y lo han ratificado 190 países.

Las amenazas de uso de armas no convencionales en la guerra de Ucrania van más allá de las nucleares, e incluyen a las biológicas y químicas, ante lo que ha reaccionado la OTAN en una sesión extraordinaria del día 30 de marzo, en la que se encontraba el presidente Joe Biden. La OTAN, al final de la sesión, ha activado los comandos de defensa contra las armas no convencionales y ha desplegado armamentos de defensa sobre los países miembros de la alianza que se encuentra hacia el oriente de Europa, de cara a Rusia y su aliado, Bielorrusia. Luego de esta sesión el presidente Biden ha advertido a Putin que el uso de armas no convencionales será respondido de forma directa por la alianza. Estas advertencias de usos y respuestas de armamentos no convencionales crean una condición política para la activación de respuestas militares mutuas, que se ha vuelto más peligrosa a medida que las fuerzas rusas han efectuado

amenaza directa de uso de armas nucleares fue durante la guerra del Kargil, entre India y Pakistán en 1999, pero que fue detenida por la inmediata intervención de las potencias nucleares globales.

bombardeos sobre objetivos militares y civiles ucranianos cerca de la frontera con Polonia, miembro de pleno derecho de la OTAN[70]. La situación de alarma se ha incrementado aún más, si tal expresión es posible, desde la tercera semana de la guerra con el incremento de los ataques sobre Leópolis[71].

## EL CAMBIO DE ESTRATEGIA DE RUSIA Y EL ESTABLECIMIENTO DE OBJETIVOS LIMITADOS

Después del 24 de marzo, ante lo que pareció ser una imposibilidad táctica de Rusia para tomar el control de Kiev, y dado que no pudo obligar a la caída del gobierno encabezado por Volodímir Zelenski, Moscú inició los procesos para limitar los objetivos militares sobre el terreno, y con ello, lograr un mayor y más eficiente uso de los recursos disponibles en cuanto a armas convencionales y fuerzas de despliegue que estaban a su alcance[72]. Esta limitación de objetivos, según han informado desde entonces diversas fuentes, tuvo su origen en la combinación de tres factores distintos: primero, los problemas logísticos rusos, que abarcaban tanto la consecución de combustibles y municiones, como el referido al abastecimiento de las tropas desplegadas de alimentos suficientes, equipos médicos, e incluso

---

70    Sanger, David E; Schmitt, Eric; Cooper, Helen y Barnes, Julian E. "U.S. makes contingency plans in case Russia uses its most powerful weapons". *The New York Times*, 23 de marzo, 2002.

71    Beevor ofrece una explicación amplia sobre Leópolis durante la Segunda Guerra Mundial, como objeto de guerra urbana, en su libro dedicado a la guerra en conjunto. En este libro la ciudad es citada por la versión de su nombre en polaco: Lwów.

72    "What next for Russia?" En: *The Economist*, 2 de abril de 2022.

con el establecimiento de áreas de recuperación. Segundo, es muy posible que los rusos se hubiesen preparado para una guerra en la que esperaban una rápida toma de los centros de poder y de la infraestructura crítica indispensable, y que con ello forzaran a una caída del Gobierno, lo que llevaría necesariamente a que los Estados occidentales que apoyasen de alguna forma al gobierno de Zelenski se vieran obligados a aceptar una situación militar y política de hechos cumplidos, y con ello limitar cualquier posibilidad de acción posterior contra la situación creada. Tercero, los rusos encontraron en los militares ucranianos, por lo menos en los dos primeros meses de la guerra, a unos oponentes fuertes que, desde el marco de la guerra asimétrica, se encuentran en una guerra de liberación nacional contra un oponente más fuerte, invasor, para mayor precisión. En esta capacidad de resistencia de los militares ucranianos han tenido un papel destacado los procesos de movilización de la sociedad, entre los que se incluye la ley marcial, junto con un abierto apoyo voluntario de cientos de miles de ciudadanos. En este contexto la guerra en sí misma ha comenzado a tener formas de guerra popular, con una muy cierta movilización a favor de ganar la guerra de cualquier forma contra el invasor, lo que además ha favorecido la construcción de una inesperada y combativa nación ucraniana que resiste contra un embate imperialista.

La incapacidad rusa para pasar a dar el asalto que se esperaba sobre Kiev, después de un mes de iniciada la guerra, en lo que tuvieron un papel destacado la incapacidad de establecer la supremacía aérea rusa, los problemas de logística y el abastecimiento continuo de armas para el ejército ucraniano por parte de Estados occidentales, conllevó que Rusia iniciara un repliegue táctico para concentrar sus fuerzas en la toma del oriente del país, la región del Dombás[73]. El repliegue de las regiones centrales y norteñas del país, incluidas la ciudades y poblados de las zonas estratégicas que rodean a Kiev, permitió el avance de los contraataques ucranianos, que fueron tomando áreas controladas por los rusos, incluso sin permitir que estos replegaran completamente sus tropas, equipos, municiones, e incluso documentos. Este contraataque de las fuerzas ucranianas estuvo respaldado por el desplome de la moral de las tropas rusas, por el asesinato de casi una decena de altos comandantes –entre los que se cuentan generales y coroneles–, el alto número de soldados rusos eliminados en los combates y en las ofensivas ucranianas, más los desertores, los capturados y los desaparecidos. Las fuentes sobre el número de comandantes rusos muertos en las zonas de combate varían entre 9 y 22, incluyendo a generales de alto reconocimiento como Vitaly Gerasimov, Andrei Kolesnikov y Andrei Sukovetsky[74].

El número total de tropas rusas muertas en los dos primeros meses de combates es difícil de establecer, contando con la práctica tradicional rusa de esconder información, heredada como otras de las prácticas soviéticas, y varía, según estimaciones de

---

73  Troianovski, Anton; Shear, Michael D. y Levenson, Michael. "Russia signals redefined goals in Ukraine war as its advances stall". En: *The New York Times*, del 25 de marzo de 2022.

74  Cooper, Helene; Barnes, Julian E y Schmitt, Eric. "As Russian troop deaths climb, morale becomes an issue, officials say". En: *The New York Times*, el 16 de marzo de 2022.

fuentes independientes, entre los 7500 soldados y oficiales, hasta los 17 500. A inicios del mes de marzo el Ministerio de Defensa ruso y los portavoces militares solo habían reconocido un total de 1350 soldados muertos en combates o en otras acciones durante la guerra. Sin embargo, diversos analistas han tendido a coincidir en que, si bien las fuerzas rusas desplegadas para el combate inicialmente excedían a las ucranianas, durante los dos primeros meses de combates, las pérdidas de las fuerzas militares de Kiev tendían a ser menos del 15%. Estas condiciones, tomadas en conjunto, obligaron al Estado ruso a cambiar la estrategia de guerra, redefinir las tácticas y enfocarse en la zona que mínimamente podrían incorporar de manera directa, y obteniendo con ello una victoria presentable a una opinión pública rusa que podría inquietarse seriamente, como permiten sospechar la práctica represiva y la restricción informativa impuesta por el Kremlin contra quienes protestan contra la guerra o informan sobre la misma.

En este contexto de realinear la estrategia, concentrándose en el oriente de Ucrania, Rusia ha optado por un reagrupamiento de tropas, para reacomodar fuerzas, recontar las unidades operativas disponibles, y además utilizar los apoyos marítimos en el mar de Azov y en el mar Negro. Entre estos apoyos se contaría con un reagrupamiento de unidades de infantería de marina, unidades de ataque con misiles de mediana distancia desde buques en los mares indicados, y la reagrupación de fuerzas de infantería. En los días previos a una de las frustradas conversaciones de paz sostenidas en Turquía, antes del 29 de marzo, el viceministro de Defensa ruso planteó que este reagrupamiento permitiría el desarrollo de negociaciones realistas sobre los objetivos de Moscú y las posibilidades a las que podía aspirar Kiev. Pero en este mismo proceso Putin fue aclarando sus posiciones sobre lo que podía alcanzar, lo que podía tomar y lo que le era indispensable. Entre estos objetivos fue quedando claro, desde la primera semana de marzo, que la toma completa de Mariúpol era un objetivo innegociable, que se debería imponer por las armas y partir de este como un hecho definitivo[75]. Sin embargo, para el domingo 17 de abril la toma de este puerto no se había consolidado, y un número considerable de defensores ucranianos[76], junto con miles de ciudadanos que no habían podido escapar y que comenzaban a morir de hambre, se negaban a rendirse a las fuerzas rusas, desconociendo el ultimátum que vencían este día a las 6 a. m.[77], por el contrario, las tropas ucranianas junto con civiles se atrincheraron en la planta siderúrgica de Azovstal durante varias semanas.

Los antecedentes para este ultimátum están en un bombardeo masivo sobre Mariúpol, de forma indiferenciada sobre infraestructuras civiles, gubernamentales, militares, hospitalarias, humanitarias o de socorro internacional. Las tropas rusas han aplicado lo que en algunos medios de comunicación internacional han llamado la "doctrina Grozni"[78], que es un

---

75  Sahuqillo, María y Mars, Amanda. "Putin se prepara para recrudecer su guerra contra Ucrania". En: *El País*, 11 de marzo de 2022.

76  "Zelenski asegura que Ucrania no cederá territorio en el este para poner fin a la guerra". En: *El País*, 17 de abril de 2022.

77  "Ukraine's last troops in Mariupol hold on as Russia demands surrender". En: *The New York Times*, 16 de abril de 2022.

78  Fernández, Belén. "¿En qué consiste la doctrina Grozni, la estrategia rusa de arrasar las ciudades?" En: *El País*, 6 de abril de 2022.

término proveniente de las prácticas rusas en la primera y la segunda guerra de Chechenia en la década de los años de 1990, cuando las fuerzas militares rusas decidieron bombardear incesantemente la ciudad de Grozni, la capital de esta república separatista, para despoblarla y hacerla gobernable. Esta táctica, aplicada con éxito y sin límite frente a civiles o consideraciones humanitarias, especialmente en la intervención de 1999 contra las fuerzas chechenas, fue repetida entre 2015 y 2019 en varias ciudades sirias, en donde el ejército ruso intervino para apoyar al presidente Bashar al Asad, hasta apuntalarlo en su victoria militar y política. La doctrina Grozni fue aplicada particular y despiadadamente contra Alepo, la ciudad más importante de Siria después de Damasco, y su gobernabilidad se logró con base en su despoblamiento forzado por la destrucción de la ciudad. Como dejó en evidencia la llamada "doctrina Grozni", la población no era únicamente una víctima de la acción militar rusa, sino su objetivo principal[79], pues con ello busca la derrota del enemigo, la imposibilidad de su reconstitución social o política, y afianza la construcción de un régimen político cuando menos autoritario. Dicho de otra forma, rompe cualquier nexo entre sociedad, ciudad, territorio e instituciones.

Como consecuencia del cambio de estrategia de Rusia, reorientando sus tropas hacia el oriente de Ucrania, tanto en la región del Dombás como en la costa suroriental del país, tomando como objetivo básico a Mariúpol y Járkov, sin descuidar las opciones que pueda tener sobre Odesa, diferentes observadores

79   Altares, Guillermo. "Putin aplica en Ucrania el modelo de brutalidad que ensayó en Chechenia". *El País*, 6 de abril de 2022.

militares han señalado lo preocupante de la situación a medida que Rusia, al ver que no logra sus objetivos a través de fuerzas y armas convencionales, acuda al uso, y en este contexto con toda probabilidad, de armas de destrucción masiva, incluyendo las de un tipo o una combinación de las disponibles, entre armas nucleares, químicas o biológicas. Esta circunstancia parece tener más asidero cuando a los dos meses de iniciada la guerra Moscú ha tenido logros militares relativos pero a la vez ha enviado una advertencia a Estados Unidos para que detenga el envío de armamento a Ucrania, o de lo contrario deberá atenerse a consecuencias inesperadas[80]. Esta advertencia debe ser leída en dos formas posibles: de una parte es evidente que Rusia está dispuesta a extender la guerra hacia un ámbito internacional más amplio con el fin de lograr su objetivo de limitar cualquier iniciativa ucraniana, aunque se desconoce cuál es el límite de esta real amenaza, y si ello implica la posibilidad de una guerra directa con tropas norteamericanas, mucho más teniendo en cuenta las incapacidades estratégicas, tácticas y operativas mostradas por las tropas rusas en la guerra ucraniana. Por otra parte, es evidente que esta advertencia refleja una realidad del campo de batalla: Rusia tiene un límite en su capacidad operativa, y las armas occidentales sí han logrado hacer daño en las fuerzas rusas, mucho más allá de solo detener su avance. El hecho de que a dos meses de iniciada la guerra Rusia no hubiese podido imponer la superioridad aérea demuestra que sus opciones de éxito son cada vez más limitadas, con la posibilidad de terminar

---

80 Sanger, David E; Cooper, Helene y Troianovski, Anton. "Girding for new battle, Russia warns U.S. on advanced weapons for Ukraine". *The New York Times*, 15 de abril de 2022.

enredada en una guerra de ocupación enfrentada contra una resistencia popular difícil de erradicar.

Dentro de las decisiones tomadas para el cambio de estrategia para la guerra, es necesario anotar dos acciones que el Kremlin ha llevado a cabo para la dirección de la guerra: de una parte, ha convocado la participación de mercenarios, que van desde los miembros de la Compañía Wagner, una organización de mercenarios rusa que ha participado en diversos conflictos en los que ha estado involucrado el Kremlin, hasta mercenarios provenientes de Siria, y quizá de Libia. Según un informe de la BBC, fechado el 12 de marzo, para esa semana Rusia había reunido hasta 16 000 mercenarios, a quienes pagan aproximadamente 2100 dólares mensuales. Entre estos mercenarios se encontraban combatientes provenidos de Medio Oriente, y otros más pertenecientes a la compañía Wagner[81], además de los combatientes chechenos, conocidos por su brutalidad e impiedad.

De otra parte, Rusia inició un cambio de mando en las fuerzas militares que tiene destacadas en Ucrania, al tiempo que Putin ha hecho énfasis en que no se detendrá hasta que pueda controlar toda la región del Dombás[82]. Para lograr este objetivo, y ante las bajas sufridas entre las tropas rusas y la consecuente desmoralización de las mismas, en la semana del 11 de abril Putin ordenó el relevo en el mando de las fuerzas rusas destacadas en Ucrania, poniendo al frente al general Alexandr Dvórnikov,

81 "War in Ukraine: How Russia is recruiting mercenaries". En: *BBC News*, 12 de marzo de 2022.

82 "Putin advierte de que no parará su ofensiva en Ucrania hasta controlar Dombás". En: *El País*, 12 de abril de 2022.

conocido en los medios de comunicación como el "carnicero de Siria", responsable de aplicar las tácticas de arrasamiento de ciudades y emplazamientos habitacionales de civiles para asegurar las victorias militares que permitieron a Bashar al Asad permanecer en el poder[83].

## DE LA CONTRAOFENSIVA UCRANIANA A LOS CRÍMENES DE GUERRA RUSOS:

Durante los días 2 y 3 de abril, cuando las fuerzas ucranianas habían tomado un impulso claro para recuperar localidades en las que las fuerzas rusas habían perdido la iniciativa de ataque, a la vez que veían disminuidas sus capacidades para recuperar equipos y vehículos con problemas de refacciones o asistencia técnica, la entrada de las fuerzas militares ucranianas, apoyadas por las unidades de la guardia nacional y diferentes patrullas de las policías municipales, a varias localidades tuvo un doble carácter: de una parte, parecía una acción militar épica de las que Europa no veía en su suelo desde la Segunda Guerra Mundial, pero a la vez se convirtió también en el descubrimiento de la barbarie de la guerra practicada por los rusos.

El punto central de inicio de esta situación se dio en la localidad de Bucha, cercana a Kiev, que sirvió de escudo protector de la capital, y en donde los ucranianos, a medida que avanzaban en posición de contraataque, fueron descubriendo cientos de cadáveres de civiles que habían sido asesinados en

---

83 Schmitt, Eric; Arraf Jane y Levenson, Michael. "Russia shuffles the command in Ukraine as thousands flee the east". En: *The New York Times*, 10 de abril de 2022.

los días anteriores en posiciones diferentes de actividades cotidianas, como atestiguaron desde el comienzo los fotógrafos y
los camarógrafos de guerra destacados en el frente[84]. El lunes 4
de abril se habían contabilizado más de 340 cadáveres de civiles
asesinados, junto con varias fosas comunes, en muchas de las
cuales había cadáveres en bolsas. En otros lugares, como pozos,
se encontraron cadáveres de personas ejecutadas dentro de los
mismos[85]. Entre las escenas de mayor impresión para la opinión
pública internacional se encuentran las de personas que iban
en bicicleta, que cayeron en el lugar donde fueron tiroteadas,
y una de ellas aún era acompañada de su perro. Otra de las
imágenes más impresionantes fue la de un hombre que cayó
muerto, llevando en las manos una bolsa de plástico con papas,
que nos recuerda las fotografías de la Segunda Guerra Mundial
cuando los habitantes de las ciudades ocupadas por los nazis,
especialmente judíos, eran asesinados cuando eran sorprendidos
llevando alimentos escondidos dentro de sus ropas. Zelenski
denunció esta acción como una de las mayores masacres cometidas en Europa desde la Segunda Guerra Mundial, lo cual es
cierto en el marco de una guerra internacional dentro de esta
zona continental, aunque por el efecto de civiles muertos y la
forma de asesinato es más comparable, por lo menos lo que

---

84   Véase el reportaje especial del *The New York Times*, escrito por Carlotta Gall, y con
     fotografías de Daniel Berehulak, titulado "Bucha's month of terror", del 11 de abril
     de 2022. Este reportaje tiene una de las más completas informaciones sobre lo su-
     cedido en Bucha hasta ese momento, que ubica en un mapa los lugares de fosas
     cavadas por las fuerzas rusas para amontonar los cadáveres de los civiles ucranianos,
     a la vez que el mapa también ubica los lugares de asesinato de diferentes civiles en
     calles, aceras, casas y otras áreas.

85   Vega, Luis de. "La matanza de Bucha muestra la barbarie de la guerra de Putin". En:
     *El País*, 3 de abril de 2022.

sucedió en esta sola localidad, con la masacre cometida por las fuerzas serbobosnias de la República Srpska, en la población de Srebrenica entre el 13 y el 22 de julio de 1995, cuando fueron asesinados 8372 civiles.

Las fuerzas rusas, y especialmente Putin como presidente de Rusia, en diferentes declaraciones entregadas a la opinión pública entre el 4 y 5 de abril negaron que las fuerzas militares de su país hubiesen cometido esos asesinatos, indicado que seguramente eran un montaje realizado por las tropas ucranianas para acusar al ejército ruso[86]. El Ministerio de Defensa ruso fue enfático al afirmar que esta era una matanza ejecutada por las fuerzas ucranianas a su entrada para culpar a las rusas, y que prueba de ello era que los cadáveres no presentaban señales de descomposición como las que se presentan en los cuerpos de las personas que llevan varios días muertas. Sin embargo, diversos materiales fotográficos sí mostraron la descomposición de los cadáveres, y luego se obtuvieron informaciones de fotografías de drones de las semanas anteriores en las que las tropas rusas tenían el control de la localidad y se pudo comprobar no solo la permanencia de los cadáveres sobre las calles, carreteras y diferentes áreas de la localidad, sino también la existencia de las fosas, en donde fueron encontrados decenas de cadáveres con las manos y los pies atados. Durante las labores de reconocimiento y levantamiento de cadáveres las fuerzas ucranianas encargadas de dichas labores debieron asumir cuidados de antiexplosivos, dado que las fuerzas rusas en su retirada dejaron

---

86   "Rusia asegura que las imágenes de la matanza de Bucha son un montaje". En: *El País*, 3 de abril de 2022.

explosivos debajo de los cadáveres, o incluso debajo de los escombros o los desechos que iban acumulándose después de los bombardeos.

Junto a estas acciones, sobre las que la Corte Penal Internacional ha tomado la iniciativa de investigación, junto con la Corte Internacional de Justicia, se han ido conociendo acusaciones de violaciones y sometimiento de mujeres como botines de guerra por parte de los rusos, lo que ha sido abiertamente denunciado por el alcalde de Bucha, Anatolii Fedoruk, y la Defensora del Pueblo de Ucrania, Liudmila Denisova. Lo más denigrante de estas violaciones es que han sido cometidas contra niñas y adolescentes, entre los 11 y 14 años de edad, a las que tuvieron encerradas en un sótano durante el mes de ocupación de la localidad[87]. Según el alcalde de Bucha, nueve de las veinticinco niñas y adolescentes violadas por los rusos han quedado embarazadas, lo que implica cuidados físicos y sicológicos adicionales.

Los acontecimientos presentados en este último apartado, que a todas luces constituyen verdaderos crímenes de guerra, incluyendo serios crímenes contra la humanidad, que violan todos los acuerdos y convenciones sobre derechos humanos, derecho internacional humanitario y derechos de guerra y derecho en la guerra, son una verdadera paradoja: la Rusia contemporánea que ha glorificado la llamada Guerra Patria para establecer una continuidad política con lo rescatable del período soviético, según su perspectiva, que incluye la rehabilitación de la imagen

---

87 Pita, Antonio. "Mujeres y niñas como botín de guerra: Ucrania denuncia violaciones por soldados rusos en zonas ocupadas". En: *El País*, 12 de abril de 2022.

de Stalin, comete crímenes de guerra y contra la humanidad que la acercan a los perpetrados por la Alemania nazi, y deja en el aire sus acusaciones de que Kiev había instaurado un régimen de tales características. Para muchos observadores militares y de derechos humanos, el nombramiento del general Alexandr Dvórnikov al frente de las tropas rusas en Ucrania garantizará la comisión de más y peores crímenes en la guerra, que seguirán oscilando entre crímenes de guerra y crímenes contra la humanidad. Para algunos ya se vieron las primeras muestras de esta nueva dirección del mando, con los bombardeos ejecutados sobre Kiev, Járkov y Leópolis, durante los días 16 y 17 de abril, como respuesta al hundimiento del buque de ataque ruso Moskvá, al parecer por un ataque realizado por fuerzas ucranianas.

# Capítulo 2

# Rusia, potencia militar exitosa, hasta ahora...

El Estado ruso contemporáneo surge de las ruinas dejadas por la implosión de la antigua Unión de Repúblicas Socialistas Soviéticas que desapareció definitivamente en diciembre de 1992. Tras esta disolución se dio lugar a la finalización de la Guerra Fría, el sistema internacional que surgió luego de la Segunda Guerra Mundial[88], y de forma específica en 1947, luego de que Harry Truman asumiera en una serie de intervenciones políticas nacionales e internacionales las definiciones que había elaborado el periodista Walter Lippmann para describir y explicar qué era lo que estaba sucediendo en el mundo una vez finalizada la guerra[89]. Era evidente que los Estados europeos habían dejado de ser potencias de primer orden, y desde ese momento se

---

[88]  Odd Arne Westad utiliza una definición de la Guerra Fría como sistema internacional, en su libro *La Guerra Fría. Una historia mundial*, que es quizá uno de los más completos sobre este período, si bien su trabajo toma en consideración el contexto de rivalidades previas, desde inicios del siglo XX, para describir cómo funcionó la disputa global posterior a 1947. Este libro fue publicado por Galaxia Gutenberg en 2018, en Barcelona.

[89]  Lippmann, Walter. 1947. *The Cold War: A Study in U.S. Foreign Policy*. Harper.

convirtieron en Estados de segunda categoría en la competencia global, muy por detrás de Estados Unidos y la Unión Soviética. En esta categoría entraba el Reino Unido, aliado occidental de primera línea y protagonista básico en el transcurso de la guerra, al igual que también entraban Francia e Italia, junto con Alemania, el gran victimario e iniciador del conflicto, pero dividida en dos Estados, la República Federal de Alemania y la República Democrática Alemana, quedando cada una a un lado del ordenamiento geopolítico de la posguerra, presidido por Estados Unidos y por la Unión Soviética. Se produjo de facto una modificación de la geografía política, tanto europea como mundial, consistente en que los Estados europeos habían perdido, quizá definitivamente, su preponderancia global, y los más hegemónicos solo eran sombras de muy escaso alcance continental de su poder e influencia.

La Unión Soviética aprovechó el final de la guerra en 1945 para imponer un diseño territorial sobre Europa que coincidiera con su perspectiva de imperio, aunque este término no se usara dentro del Partido Comunista de la URSS ni dentro de las diferentes organizaciones comunistas existentes a nivel internacional, para referirse a las modificaciones de la geografía política impuesta por Moscú, prefiriendo utilizar en su reemplazo la eufemística expresión de "amistad de los pueblos"[90], que escondía todo un conjunto de prácticas de alteración territorial, de gobierno e intervención sobre el principio del destino político que el comunismo podía otorgar al Kremlin, surgido de

90    Gessen, 2018, páginas 93, 95, 101 y 272. Esta fue además una expresión que tuvo una polivalencia semántica, a la vez que contribuía a una seria confusión política de cara a lo que eran las realidades geopolíticas construidas desde Moscú.

la revolución. Entre estas modificaciones se encuentran tres ajustes claves: primero, apropiarse de los territorios occidentales de Polonia, que quedaron integrados dentro de la URSS, en el territorio de Ucrania. Segundo: integrar dentro de la Unión Soviética directamente los territorios de Estonia, Letonia y Lituania, que habían sido Estados independientes y soberanos desde el final de la Primera Guerra Mundial. En este mismo contexto, Stalin aprovechó la conferencia de Potsdam, al final de la guerra, para sellar su toma de los territorios, las sociedades y los Estados bálticos, integrando de forma directa el territorio de la antigua Prusia bajo el control directo de la República Socialista Federativa Soviética de Rusia, lo que equivalía al control directo de Moscú. Este territorio, que incluye la antigua ciudad de Königsberg, en donde nació y vivió el filósofo Immanuel Kant, pasó a llamarse Kaliningrado[91], y desde entonces es una cuña territorial que aprisiona la geografía política de los Estados bálticos que en la actualidad se encuentran cercados por Rusia en el occidente y en el oriente.

Y tercero, crear una esfera de seguridad, en la que se impuso un orden político específico, que se componía de unos regímenes delimitados por el gobierno de partido único, que era básicamente el del Partido Comunista; la primacía de la URSS dentro del espacio que quedó bajo control internacional directo de Moscú, y asegurado por el Tratado de Amistad, Colaboración y Asistencia Mutua[92], popularmente y de forma

---

91   Westad, 2018, páginas 71-72.

92   El documento original de la firma del tratado es del 14 de mayo de 1955; tiene un encabezado en inglés, otro en francés y el cuerpo del documento está escrito en ruso.

abreviada conocido como el Pacto de Varsovia, que asumió la doble función de alianza defensiva, de una parte, con el fin de contrarrestar la amenaza que suponían la conformación de la Organización del Tratado del Atlántico Norte, y el rearme de la República Federal de Alemania después de la guerra y su ingreso en la OTAN; y, de otra, como fuerza coercitiva dentro del ámbito de control geopolítico de Moscú para evitar revoluciones, cambios de regímenes o alteraciones geopolíticas dentro de su esfera de influencia. Es importante recordar aquí que este pacto militar involucraba, además de la propia Unión Soviética, a Albania, Bulgaria, Checoslovaquia, Alemania Oriental, Hungría, Polonia y Rumania, siendo parte también del mismo la República Popular China, en calidad de observador.

Si bien el tratado que daba origen al Pacto de Varsovia suponía una integración en condiciones de igualdad a los Estados miembros, la realidad era que Moscú tenía preponderancia en el mismo por tres condiciones básicas: primero, el órgano de gobierno del Pacto era el llamado Comité Político, conformado por los presidentes o jefes de gobierno de los Estados miembros, pero en este el conjunto de decisiones por tomar estaban marcadas por la "disciplina de partido", impuesta al Pacto como un bloque ideológico-político-militar, lo que conllevaba que primaran en los debates y en las decisiones últimas, las posturas que tuviese e impusiese el Partido Comunista de la URSS. Segundo, la conformación del mando del Estado Mayor Conjunto del Pacto también reveló una preponderancia soviética, pues si bien este órgano de comandancia militar, sobre más de 6 millones de tropas, estaba compuesto por 40 comandantes, 3 de cada

4 eran soviéticos, y solo uno de los restantes 10 eran designados por los demás miembros de la alianza. Tercero, la Unión Soviética componía el grueso de las tropas del Pacto, y junto con la relevancia que tenía en la toma de decisiones políticas y la financiación mayoritaria de los gastos militares, hacía que sus enfoques y perspectivas tuvieran más peso que los de los demás Estados, imponiendo sobre ellos sus concepciones de seguridad, estabilidad política y su perspectiva sobre amenazas globales y competencia geopolítica y geoestratégica[93].

Esta doble función explica los despliegues de las fuerzas militares del Pacto de Varsovia, compuestas principalmente por unidades militares soviéticas, cuando irrumpieron e interrumpieron el movimiento de apertura democrática que se presentó en 1956 en Hungría, en un conjunto de movimientos políticos, sociales e institucionales, precedidos por una serie de críticas que desde Polonia se habían venido presentado contra los soviéticos. Los húngaros, en medio de una seria disputa entre los estalinistas y los aperturistas apoyados por Jrushchov, abrieron paso a una modernización de su sistema político para permitir una competencia abierta por el poder y reformar diferentes estructuras institucionales del poder político, acercándose a una concepción democrática occidental. La respuesta soviética fue contundente, enviando a más de 150 000 tropas del Pacto de Varsovia, mayoritariamente soviéticas como era obvio, en más de 5000 vehículos de transporte, ataque y apoyo. Esta invasión

---

93    Una evaluación bastante informada sobre cómo se estructuraron las condiciones de gobierno y toma de decisiones dentro de la OTAN, se encuentra en el trabajo de Michael Sadykiewics, titulado "The Warsaw Pact Command Structure in Peace and War", presentado para la Rand Corporation en 1988.

soviética terminó en Hungría, luego de una seria represión militar, con la reestructuración del poder en Bucarest de acuerdo con la perspectiva de Moscú[94]. También sucedió lo mismo, es decir, el uso del poder coercitivo contra Checoslovaquia, en los intentos de apertura política que se presentaron desde los movimientos sociales y políticos que iniciaron en Praga en 1968, y que se conocieron como la "Primavera de Praga"[95]. De esta forma el uso del poder coercitivo del Pacto de Varsovia dentro del área de influencia de Moscú, que invariablemente era considerada a la vez como su esfera de seguridad, se convirtió en una opción real de constreñimiento de las transformaciones políticas, evitando cualquier proceso democratizador.

En este contexto resulta claro que la Federación de Rusia, que surgió como resultado tanto de la implosión soviética como de la independencia de Rusia como Estado soberano, y que en principio bajo la orientación de Yeltsin intentó crear una democracia competitiva, quedó en una seria encrucijada entre los territorios que componían su propio Estado. El dilema era comprender qué territorios había perdido y en qué condición los había perdido con respecto a los que había poseído y gobernado la Unión Soviética, y qué territorios modificaban tanto su geopolítica como sus opciones de seguridad. En este proceso la pregunta incluso por la esfera de seguridad perdida se fue convirtiendo en una seria sensación de amenaza, hasta el punto de que desde Moscú se asumió como necesario impedir serias modificaciones geopolíticas dentro del espacio que ocupan los

94 Westad, 2018, página 219 y siguientes.

95 Westad, 2018, página 394 y siguientes.

Estados que antes hacían parte de su esfera de seguridad. Esta es la problemática que toma como punto de referencia básica tanto a los Estados del Báltico, como a Polonia, Hungría, Rumanía, Bulgaria, la Chequia o Eslovaquia, y de forma directa a Finlandia y Suecia. Esto explica que en Moscú hubiesen sido mal recibidos los procesos de ampliación tanto de la OTAN como de la Unión Europea, que involucraron a los países de Europa Central y Oriental, y que estas ampliaciones hayan dado fuerza a las denuncias rusas de cercamiento y amenaza contra sus territorios por parte de los Estados occidentales.

La Rusia que surgía en 1992 se enfrentó a las independencias de los Estados bálticos, que habían reconquistado y dominado después de la Segunda Guerra Mundial, luego de un corto período de independencia después de 1918. De otra parte, debió enfrentar la independencia de dos territorios que integraban la Rusia histórica, según la perspectiva de gobierno constituida, tanto en el San Petersburgo de los zares que siguieron la línea petrina, como los define Simon Sebag Montefiore, o los gobernantes que ejercieron su poder desde Moscú, como en la versión más conservadora del Imperio ruso, incluyendo dentro de sus líneas a los comunistas del período bolchevique que concentraron el poder en Moscú. Estos dos territorios fueron los de Bielorrusia y Ucrania.

Desde finales de 1991 y durante 1992, tal y como lo ha expuesto Masha Gessen[96], los ciudadanos del nuevo Estado ruso, igual que sus dirigentes políticos y las nuevas élites reconstituidas, estaban confundidos sobre cuál era su nuevo país,

---

96  Gessen, 2018, página 134.

qué territorios pertenecían al mismo, cómo se denominaba el nuevo Estado y qué instituciones lo gobernaban. De hecho, en la vida práctica las confusiones fueron frecuentes en asuntos tales como con qué moneda podían pagar los consumidores sus adquisiciones, es decir, si era con rublos soviéticos o de la nueva Rusia. Incluso en asuntos sobre derechos otorgados por el Estado o la reconformación de la justicia, fue evidente que hacía años se venía presentando una seria confusión entre el nuevo Estado y el antiguo, solo que el antiguo ya era una realidad desaparecida. En estas circunstancias muchos ciudadanos rusos fueron ensayando, a tanteos, qué nuevos derechos emergían con una Rusia democrática, entre los que aparecían los que podían adquirir o recuperar las minorías identitarias, ya fuesen étnicas, sociales o políticas.

En este contexto la nueva Rusia debió enfrentar golpes de Estado como el de 1993 contra Boris Yeltsin, intentando restablecer a la élite del Partido Comunista en el poder, y también una tendencia evidente a la desintegración territorial y política. Regiones como Chechenia se deslizaron rápidamente a la declaración de independencia, y no quedaba claro qué sucedía con las regiones que se sumergían en un interregno político, por ejemplo, con la nueva república de Georgia y los territorios de Osetia y Abjasia que se declararon a su vez independientes del nuevo régimen de Tiflis, o si los Estados del valle de Ferganá, que son los de Kirguistán, Tayikistán y Uzbekistán, en realidad serían Estados soberanos que actuarían como tales.

Una de las instituciones más desestructuradas en la transición entre el Estado que desaparecía y el que se reconstituía, fue la de las fuerzas militares, pues no solo cambiaba su doctrina radicalmente, sino también el presupuesto disponible, el panorama estratégico al que se enfrentaba y la identificación del territorio que debía defender y mantener unificado. En cuanto a la doctrina la confusión fue mayor, toda vez que el paso de las fuerzas militares soviéticas a las rusas implicó que estas dejaban de estar estructuradas sobre una definición ideológico-política para la constitución del poder militar, a ser unas fuerzas militares que en principio se asumían como nacionales, en el marco de una república, y que debían redefinir la identificación tanto de las amenazas como de la cooperación militar y de inteligencia internacional a fin de establecer los marcos de operación para la seguridad estatal[97].

Pero es menester indicar que desde que el nuevo Estado surgió, desde el inicio mismo de su conformación, la necesidad de realizar intervenciones militares dirigidas a crear entornos de estabilidad territorial, política e internacional que minimizaran los riesgos de descomposición última, o las amenazas percibidas y que se originaban el espacio exterior, fue apremiante. Dicho de otro modo, parecía que el nuevo Estado requería limitar la tendencia rupturista, secesionista y de fragmentación que se había iniciado en el año de 1990, y se consolidó a lo largo de los años de 1991 y 1992. De esta forma el Estado ruso se convirtió en uno que fue reestructurando sus capacidades militares con base en una experiencia fuerte de intervenciones y del uso directo de la fuerza, tanto en los ámbitos en los que consideraba necesario mantener la unidad territorial, como

97    Rumer, Eugene B. 1994. *The Ideological Crisis in the Russian Military*. Rand Corporation.

en aquellos en los que ha creído indispensable consolidar un ámbito exterior seguro.

En un informe de análisis presentado por la Rand Corporation en el año 2021 titulado *Russia's Military Interventions. Patterns, Drivers, and Signposts*, elaborado por un grupo de expertos en Rusia y Europa Oriental, se identificó que Rusia ha realizado, desde el año de 1992, y hasta el año de presentación del informe, veinticinco intervenciones militares que, con la guerra contra Ucrania de 2022, sumarían veintiséis. Y si bien estas intervenciones son mayoritariamente en los territorios de la Federación de Rusia, o en el espacio postsoviético, sobre todo en el territorio de los Estados que se considera que fueron parte de la Rusia histórica, también se registran intervenciones militares en otras regiones del mundo, tales como África subsahariana y Medio Oriente. La tabla 1, tomada de los datos incluidos en el citado informe, presenta las operaciones de intervenciones militares rusas en el periodo 1992-2021[98]:

*Tabla 1. Intervenciones militares rusas 1992-2021*

| Nombre de la intervención | Lugar de la intervención | Año inicial | Año final |
|---|---|---|---|
| Bases rusas en Armenia | Armenia | 1992 | Continúa |
| Radar de alerta temprana rusa en Azerbaiyán | Azerbaiyán | 1992 | 2013 |
| Operaciones de la ONU para el mantenimiento de la paz en Croacia (UNPROFOR, UNCRO, UNTAES) | Croacia | 1992 | 1997 |

---

98  Charap, Samuel y otros. 2021. *Russia's Military Interventions. Patterns, Drivers, and Signposts*. Rand Corporation. Páginas 61-62.

| Nombre de la intervención | Lugar de la intervención | Año inicial | Año final |
|---|---|---|---|
| Guerra de Transnistria | Moldavia (Transnistria) | 1992 | 1992 |
| Base en Transnistria | Moldavia (Transnistria) | 1992 | Continúa |
| Fuerzas de mantenimiento de la paz en Transnistria | Moldavia (Transnistria) | 1992 | Continúa |
| Presencia fronteriza en Tayikistán | Tayikistán | 1992 | 2005 |
| Guerra civil tayika | Tayikistán | 1992 | 1997 |
| Fuerzas rusas de mantenimiento de paz en Osetia del Sur | Georgia (Osetia del Sur) | 1992 | 2008 |
| Insurgencia separatista en Abjasia | Georgia (Abjasia) | 1992 | 1993 |
| Fuerzas rusas de mantenimiento de paz en Abjasia | Georgia (Abjasia) | 1993 | 2008 |
| Operaciones de mantenimiento de paz de la OTAN y ONU en Bosnia (SFOR/IFOR/UNPROFOR) | Bosnia y Herzegovina | 1994 | 2002 |
| Operaciones de mantenimiento de paz de la ONU en Angola (UNAVEM, MONUA) | Angola | 1995 | 1999 |
| Base de Tayikistán | Tayikistán | 1997 | Continúa |
| Base de la flota de Crimea en el mar Negro | Ucrania | 1997 | 2014 |
| Operaciones de mantenimiento de paz de la OTAN en Kosovo (KFOR) | Kosovo | 1999 | 2003 |
| Operaciones de mantenimiento de paz de la ONU en Sierra Leona (UNAMSIL) | Sierra Leona | 2000 | 2005 |
| Base rusa en Kirguistán | Kirguistán | 2003 | Continúa |
| Operaciones de mantenimiento de paz de la ONU en Sudán y Sudán del Sur (UNMIS, UNMISS) | Sudán, Sudán del Sur | 2006 | 2012 |
| Guerra Georgia-Rusia | Georgia | 2008 | 2008 |
| Bases en Abjasia y Osetia del Sur | Georgia (Abjasia y Osetia del Sur) | 2008 | Continúa |

| Nombre de la intervención | Lugar de la intervención | Año inicial | Año final |
|---|---|---|---|
| Operaciones de mantenimiento de paz de la ONU en Chad y en la República Centroafricana (MINURCAT) | Chad | 2009 | 2010 |
| Anexión de Crimea | Ucrania | 2014 | 2014 |
| Guerra en Dombás / Intervención del oriente de Ucrania | Ucrania | 2014 | Continúa |
| Guerra civil en Siria | Siria | 2015 | Continúa |

Estos investigadores han afirmado en su estudio que es posible identificar las principales motivaciones para las intervenciones militares rusas, dentro de las cuales se pueden observar detalladamente las de criterios geopolíticos, intereses internos y las que se basan en las ideas y nociones sobre el orden político, tanto dentro de los Estados como de las fuerzas políticas que los gobiernan[99]. En el presente trabajo se toman en cuenta los aspectos que tienen incidencia directa para entender la actual guerra en Ucrania.

Entre los factores geopolíticos tienen un peso especial las motivaciones relacionadas con las amenazas externas a la soberanía, que puede conllevar que esta sea vista más allá de las fronteras convencionales del Estado, para poder incluir en esta dimensión a territorios de la llamada Rusia histórica; también hacen parte de estas motivaciones geopolíticas, como en cualquier potencia que crea que tiene intereses o posiciones que defender, el conservar, alterar o cambiar, el balance regional de poder; también la necesidad de mantener o defender alianzas

---

99   Charap, 2021. Página 8 y siguientes.

de Estados, o incluso de fuerzas políticas o sociales, lo que de hecho está construido en medio de una confusa definición e identificación; y asuntos relacionados con el estatus nacional.

En la dimensión de los asuntos internos de los Estados, se encuentran dinámicas asociadas a la política de los regímenes políticos y su legitimidad; y los procesos identitarios que se pueden presentar en los diversos territorios que están más allá de los que formalmente pertenecen a la Federación de Rusia, y que preferencialmente incluyen a minorías que tienden a identificarse o a ser identificadas como rusas, luego de la implosión soviética, y que quedaron siendo parte de la población de otros Estados. Dentro de estos se han presentado procesos de resignificación identitarios entre los sujetos que se identificaban como ciudadanos soviéticos, más que étnicamente rusos. También son tomados en consideración los asuntos referidos a los intereses económicos.

Y finalmente, en el ámbito de las ideas políticas tienen una relevancia destacada las improntas del liderazgo y la personalidad. Este aspecto también es reseñado por la historiadora Margaret MacMillan, quien enfatiza sobre el papel preponderante que tienen en la conducción de las sociedades y los acontecimientos, tanto la personalidad y liderazgo de los gobernantes[100]; como también el conjunto de conceptos y creencias que conforman las ideologías.

En general se puede considerar que estas intervenciones rusas han sido éxitos militares y políticos, e incluso se alejan de

---

100 Macmillan, Margaret. 2017. *Las personas de la historia. Sobre la persuasión y el arte del liderazgo*. Editorial Turner, Madrid.

la desastrosa experiencia de la Unión Soviética en la invasión de Afganistán desde diciembre de 1979 hasta noviembre de 1989[101], de donde se retiraron en medio de una derrota militar que hizo que este país se profundizara en el caos, una confrontación permanente entre señores de la guerra, para finalmente ser unificado por el régimen fundamentalista de los talibanes[102]. Los que a su vez fueron desalojados del poder luego de los atentados contra Estados Unidos cometidos por la organización terrorista Al Qaeda en septiembre de 2001, y de nuevo los talibanes retomaron el poder en agosto de 2021, luego de la derrota militar del ejército creado por la República Islámica de Afganistán, apoyada por Estados Unidos y los Estados occidentales. Es de destacar que Rusia, en una acción que considera de balance del poder global, estableció relaciones diplomáticas con el régimen talibán que tomó el poder en Kabul en 2021, que además eran sus enemigos cuando los soviéticos habían invadido el país en la década de 1980[103].

Las fuerzas militares de la Rusia contemporánea han podido obtener éxitos notorios, logrando tomar objetivos claros, y

101  Kakar, Mohammed. 1997. *Afghanistan: The soviet invasion and the Afghan response, 1979-1982*. University of California Press.

102  El periodista pakistaní Ahmed Rashid ofrece una interesante y muy certera explicación de la importancia, las ideas y las formas de proceder del movimiento de los talibán, en varios de sus libros, siendo el más conocido y básico el título *Los Talibanes. Islam, petróleo y el nuevo "Gran Juego" en Asia Central*, Editorial Península, 2001, Barcelona.

103  Dos artículos de prensa de *The New York Times*, presentan esta situación con detalle: "How Russia built a channel to the Taliban, once an enemy", de Mujib Mashal y Michael Schwirtz, publicado el 13 de julio de 2020; y el de Andrew E. Kramer y Anton Troianovski, titulado "With Afghan collapse, Moscow takes charge in Central Asia", publicado el 19 de agosto de 2021.

evitar lo que han percibido como los peligros más inminentes que obligan a los procesos de intervención en diversos espacios. Dentro de estas intervenciones que marcan un antecedente directo para comprender la guerra de 2021, se deben citar cuatro acciones militares: primero, el conjunto de las guerras de Chechenia. Segundo, la guerra en Georgia, en 2008. Tercero, la invasión en Crimea y el Dombás, territorios hasta entonces claramente ucranianos, reconocidos por la política internacional. Y cuarto, la intervención en la guerra de Siria, sobre todo a partir de 2015, por cuyas acciones Moscú logró restablecer ampliamente en el poder al presidente Al Assad, siguiendo las tácticas de Chechenia. Es de anotar, como en su momento resaltaron diversos observadores, que en Rusia, y en general en el conjunto de Estados que se crearon tras la implosión soviética, se había dado una transición pacífica; el surgimiento fue más bien estable tanto política como socialmente pese a los drásticos cambios económicos, en comparación con el conjunto de las guerras de secesión que se dieron en Yugoslavia de la misma guerra "de los 10 días" de 1991, que condujo a la independencia de Eslovenia y la guerra abierta entre Serbia y Croacia que, en principio, incluía la repartición de los territorios de Bosnia-Herzegovina[104]. Uno de los rasgos más brutales de estas guerras fue su carácter de limpieza étnica deliberada y sistemática.

---

104 Silber, Laura. 1997. *Yugoslavia: Death of a Nation*. Nueva York: Penguin Books.

## GUERRAS CHECHENAS

El conjunto de las guerras de secesión yugoslavas, más de cinco en menos de doce años, y con posibilidad de que algunas se reinicien en una fase bélica abierta, sirvieron para que a la opinión pública le pasara desapercibida la guerra que en 1994 iniciaron dos exoficiales militares soviéticos, dentro de la región de Chechenia. Estos dos oficiales eran el general de la fuerza aérea Dzhojar Dudáyev y un coronel de artillería de nombre Aslán Masjadov, quienes adoptaron principios nacionalistas y de aparente fundamentalismo islámico para reorganizar el territorio de Chechenia, aún en ese año dentro de la confusa estructura territorial federal de Rusia, a la vez que unificaban y atraían a aquellos que se identificaban como étnicamente chechenos. Los chechenos asumieron que los procesos de independencia que habían seguido Azerbaiyán, Tayikistán, Kazajistán y Uzbekistán, junto con territorios que aún parecían pertenecer a Rusia como Tartaria e Ingushetia, y que se consolidaban alrededor de una identidad política provista por el islam radical, les permitirían seguir hacia la autodeterminación y, por tanto, proclamar la independencia[105].

De esta forma Dudáyev y Masjadov se lanzaron a la guerra contra los rusos, teniendo entre sus argumentos políticos, además del nacionalismo, la declaración de independencia que militantes chechenos habían hecho el 6 de septiembre de 1991. El nacionalismo checheno se cimentaba en los recuerdos de la represión estalinista, en la supresión violenta del islam como

105  Rashid, Ahmed. 2005. *Yihad: el auge del islamismo en Asia Central.* Editorial Península.

religión y seña de identidad cultural, y por las diversas imposiciones culturales que habían vivido a manos de los rusos. Dudáyev estableció una república, en medio de los confines nebulosos de la Federación de Rusia, creyó que tenía un poder político similar al que estaba surgiendo en los otros Estados independizados, pero pronto tuvo una oposición conformada tanto por rusos que habitaban los territorios chechenos, como por chechenos que se resistían a estas nuevas formas de asociación política, y con ellos surgió una oposición que fue violentamente reprimida por Shamil Basayev, un coronel nombrado, no por su carrera militar, sino por voluntad del gobernante. En este contexto, la guerra de 1994 inició como una intervención no oficial de fuerzas rusas para terminar involucrando al ejército oficial, que respondió de una forma masiva pero errónea, sin contar con el hecho de que los líderes chechenos conocían la doctrina y el armamento de los rusos, logrando un éxito parcial que llevó a que Boris Yeltsin decidiera establecer una negociación que finalizaba la guerra, en acuerdos firmados en 1996 y 1997, dando un estatus especial a Chechenia dentro de la federación y, en virtud de estos acuerdos, se cerraron las operaciones militares.

Para 1999, y después de unas confusas acciones terroristas cometidas en Moscú y otras ciudades rusas, que implicaron la explosión de las redes de gas de diferentes edificios, dejando un gran número de muertos, se presentó luego de agosto lo que se suele llamar la Segunda guerra chechena. Michael Burleigh describe la guerra de la siguiente forma: "Putin ascendió de primer ministro a presidente en medio de una atmósfera tóxica de chauvinismo, miedo y resentimiento por el imperio perdido. Usando su fuerza aérea y soldados profesionales bajo contrato en lugar de desventurados reclutas, los rusos atacaron a los separatistas chechenos en otoño. Arrojaron bombas de racimo y bombardearon los pueblos con obuses y cohetes de artillería, sin ninguna consideración hacia las víctimas civiles. Los rusos pasaron a dominar las llanuras chechenas del norte y pulverizaron las ruinas de las ciudades de Chechenia. En febrero de 2000 tomaron Grozni tras semanas de combates que habían reducido la ciudad al estado de Dresde en 1945. El despliegue de ochenta mil soldados regulares, e innumerables agentes de seguridad, obligó a los separatistas chechenos a luchar una guerra de guerrillas desde las montañas y a lanzar una campaña de terror a gran escala cuyas ramificaciones internacionales motivaron que tras el 11-S los grupos chechenos fueran incluidos en varias listas de vigilancia occidentales"[106].

La segunda guerra chechena dio a los rusos el éxito en las llanuras y en las zonas en las que antes había ciudades, que ahora deberían ser reconstruidas desde la base, pero la guerra en sí misma se transformó en un conflicto marcado por las operaciones terroristas chechenas como la toma del teatro Dubrovka en Moscú el 23 de octubre de 2002, cuyo saldo final fue de más de ciento cincuenta muertos de un total de setecientos rehenes; luego se dio la toma de la escuela de Beslán, en Osetia del Norte, por parte de un comando checheno-ingusetio, que dejó más de trescientos treinta muertos, incluyendo más de ciento setenta niños, más de setecientos ochenta y tres heridos y más

---

106  Burleigh, Michael. 2008. *Sangre y rabia. Una historia cultural del terrorismo.* Editorial Taurus, Madrid. Página 520.

de doscientos desaparecidos. Entre 2003 y 2009 se presentó una ola de ataques terroristas severos, en escenarios y situaciones variados, que fueron desde conciertos de rock, aeropuertos, ataques a aviones comerciales de transporte de pasajeros, trenes y, finalmente, un ataque suicida en el metro de Moscú en 2009. El gobierno de Putin, como primer ministro en ese momento, dio por terminada la guerra de Chechenia, y resolvió el problema del intento de separación de este territorio dejándolo en el estatuto de república federal como miembro de la Federación de Rusia.

De esta intervención en Chechenia las fuerzas militares rusas han obtenido diversas lecciones, siendo una de ellas, quizá de las de mayor impacto, la forma de atacar al enemigo demoliendo sus ciudades, lo que en realidad es una táctica de guerra bastante antigua como atestiguan diversos textos, provenientes de muy diferentes épocas, pero sobre todo, fue una práctica ejecutada por diversos ejércitos en la Segunda Guerra Mundial, principalmente por los nazis y los soviéticos.

## GUERRA EN GEORGIA

El 7 de agosto de 2008, un número superior a las 70 000 tropas militares rusas traspasaron los territorios de Osetia del Norte y del Sur, y de Abjasia, entrando en dirección norte-sur y una doble dirección occidente-oriente y oriente-occidente, sobre el territorio de Georgia, una de las repúblicas que se habían declarado independientes después de la implosión de la URSS, y se habían separado de cualquier futuro posible dentro, en relación con, o de alguna forma de confederación con la Federación de

Rusia[107]. Los motivos para el ingreso de las tropas rusas eran básicamente tres.

Primero, proteger a los osetios y abjasios de cualquier posible proceso de eliminación sistemática a través de acciones de limpieza étnica emprendidas por el gobierno de Tiflis, en ese momento encabezado por Mijaíl Saakashvili, un liberal que había establecido estrechas relaciones con los países occidentales, y especialmente con Estados Unidos. Además, había sido el principal beneficiado con el derrocamiento de Eduard Shevarnadze, que, si bien había sido uno de los más importantes políticos de la era soviética, era claro que su participación se dio dentro del gobierno de Gorbachov. El derrocamiento de Shevarnadze se produjo en el año 2003 en un momento de crisis social y política, que dio en llamarse en los medios de comunicación la "revolución de las rosas", y pasó a ser parte de las revoluciones de colores.

Segundo: para Moscú, en donde Putin se encontraba en el cargo de primer ministro bajo la presidencia de Medvedev, Georgia había creado un boquete peligroso y directo en la seguridad de Rusia, toda vez que había buscado algún mecanismo para ingresar en la OTAN, e incluso establecer relaciones con la Unión Europea. Esto era algo definido para Moscú, y concretado en una invitación fallida que George W. H. Bush había cursado a Georgia y a Ucrania, en una cumbre de la OTAN, en el mes de abril de 2008. Es necesario recordar que tanto Francia como Alemania se opusieron a que dicha ampliación se pudiera

---

107 Schwirtz, Michael; Barnard, Anne y Chivers, C. J. "Russia and Georgia clash over separatist region". En: *The New York Times*, 8 de abril de 2008.

hacer realidad. De todas formas, surtió el efecto de ser un *casus belli* que justificó tanto la agresión internacional, con la invasión y destrucción de las capacidades militares georgianas, como la posterior imposición de severas condiciones que dejaron una limitación constante en las posibilidades que Tiflis tuviera para realizar una conducción soberana de su política exterior.

Tercero: Rusia asumió que sus operaciones sobre Georgia se podían enmarcar en la necesaria ampliación de las operaciones de paz que sus tropas realizaban en los territorios georgianos separatistas de Osetia del Sur y Abjasia, con lo que, además, establecía condiciones de cuidado de su frontera sur. Lo que se evidenciaba era ya de hecho una anomalía, como lo han indicado los trabajo de Agnia Grigas[108] y Ronald D. Asmus[109], dado que Rusia presionó en el Consejo de Seguridad para evitar que en estas zonas en conflicto hicieran presencia tropas de un tercer país, lo que llevaría a tener complicaciones operativas y geopolíticas, pero además porque al tener tropas rusas ejecutando las tareas de mantenimiento de la paz, y de asistencia a las comunidades con problemas, Rusia podía emprender un amplio programa de rusificación que cubría desde el uso y el privilegio del ruso como lengua básica de comunicación, hasta la entrega de pasaportes rusos a los habitantes de las regiones en conflicto con Georgia, transformando de facto los balances políticos regionales a favor de las concepciones políticas y geopolíticas de Moscú.

---

108   Grigas, Agnia. 2016. *Beyond Crimea: the new Russian empire*. Yale University Press.

109   Asmus, Ronald D. 2010. *A little war that shook the world: Georgia, Russia, and the future of the West*. Palgrave Macmillan.

Otra consecuencia de que Moscú hubiese presionado para que las tropas de paz sobre Osetia del Sur y Abjasia fuesen rusas, es que una vez iniciada la guerra las usó como tropas de combate, desplegándolas sobre el territorio atacado, y haciendo que se integraran a las tropas que efectivamente eran de combate.

El día 8 de agosto iniciaron los Juegos Olímpicos de Beijing, de forma tal que la guerra competía en noticias con dicho evento, algo que no fue de muy buen recibo en los círculos políticos de China, además de que Putin y Bush se encontraron de frente mientras los combates se sucedían. Las fuerzas militares georgianas, ya de por sí pequeñas en tamaño, con pocos armamentos y una capacidad operativa reducida, fueron rápidamente superadas en los enfrentamientos, con cifras que hacían que, por cada soldado georgiano, Rusia hubiera movilizado y puesto en combate entre 4 y 7. Al cabo de una semana las tropas del Kremlin habían ejecutado una guerra relámpago que había llevado a la aceptación por parte de Tiflis de las condiciones que Moscú impuso para detener las acciones bélicas.

Las reacciones occidentales fueron pequeñas, tímidas, y en el mar Negro, la flota rusa dominó los puertos georgianos, además de bloquear cualquier movimiento de entrada y salida de embarcaciones, lo que dificultó enormemente la entrega de ayuda humanitaria por parte de las potencias occidentales. El bombardeo y el control de las grandes ciudades georgianas se lograron en pocos días, permitiendo que las tropas rusas pudieran caminar por sus calles de forma permanente.

Una de las innovaciones más importantes de Rusia en la guerra de Georgia fue que, al tiempo que utilizaba tropas convencionales, desplegó una seria capacidad de ciberguerra, convirtiendo las herramientas informáticas en unas de carácter bélico, dirigidas de manera paralela a tres acciones: alterar las comunicaciones del Estado atacado, incluyendo dentro de estas las civiles, las gubernamentales y las militares; entorpecer las acciones de mando y control militares, alterando las informaciones, impidiendo las comunicaciones y cortando cualquier contacto posible; y finalmente, emitiendo propaganda a favor de Moscú para mantener crecientes apoyos dentro de la población rusa a las acciones militares y, por tanto, al gobierno de Putin.

Esta guerra fue, desde los puntos de vista de Rusia, una confrontación exitosa, y pareció confirmar que la ruta de reimperialización[110] era la correcta, y por tanto el camino parecía despejarse, a la vez que los Estados occidentales habían asumido la posición de dejar a Georgia a su suerte, confirmando en los hechos que este era un problema ruso.

## LA TOMA DE CRIMEA Y LA GUERRA DEL DOMBÁS

En este aparte basta con hacer referencia a un problema ya explicado en el capítulo 1 como uno de los antecedentes de la guerra de 2022 de Rusia contra Ucrania. Sin embargo, es necesario afirmar que en 2014 Moscú lanzó una operación encaminada a recuperar un área peninsular que consideraba como parte de la Rusia histórica, definida como objetivo geopolítico desde el período de Pedro el Grande, y en consecuencia,

---

110 En el capítulo 2 del libro de Grigas, citado anteriormente, se elabora el concepto de reimperialización de forma clara, que se utiliza en todo este libro.

como un objetivo por conquistar a como diera lugar y, para ello, durante los siglos XVII y XVIII, para Rusia siempre fue aliciente político derrotar a la Sublime Puerta en su dominio de la península que permite el dominio del mar de Azov y una posición preponderante y privilegiada del mar Negro.

Como ya se ha referenciado en distintos puntos del capítulo anterior, las tropas ucranianas fueron rápidamente superadas y los rusos se hicieron fácilmente con los objetivos territoriales. Esta acción fue complementada con los apoyos que dieron a los grupos separatistas de Ucrania ubicados en la región del Dombás. Moscú inició el patrocinio de una guerra que a la vez tenía un carácter subsidiario y era una guerra de insurgencia promovida directamente por el mando militar ruso, que hicieron que Rusia creara una posición avanzada para una posterior campaña agresiva. Saber de qué dependía iniciar o no una campaña posterior, estaba determinado por saber qué tan fuertes eran los Estados occidentales y hasta qué punto llegarían en el apoyo a Ucrania para revertir los logros que los rusos obtuvieran a través de las armas. De una u otra forma fue evidente que los Estados occidentales terminaron en la práctica asumiendo una posición similar a la que ya habían tenido al final de la guerra de Georgia y, si bien se impusieron sanciones económicas, al tiempo que no se reconocía a Crimea como territorio ruso, la realidad es que no se dio un apoyo militar ni creíble ni sostenible para revertir la posición conquistada por las tropas rusas. En muchos sentidos es posible ver, desde la guerra de 2022, que en Crimea los rusos habían hecho visible su estrategia general y las tácticas que luego ejecutarían a fondo contra toda Ucrania.

## Intervención en Siria

Durante el año 2015 Rusia encontró la necesidad, se podría afirmar también que la posibilidad de intervenir en la guerra que había empezado en Siria en 2011, en gran parte, como una consecuencia de las llamadas "primaveras árabes", y la acumulación de un conjunto de problemas que afectaban a la agricultura, las tierras, el acceso al agua, y una brutal represión política que Bashar al Assad, el heredero de Hafez al Assad, no supo o no quiso desmontar. Rápidamente la guerra en Siria se fue convirtiendo en una en la que al tiempo y en casi los mismos escenarios se fueron combinando distintos aspectos[111].

En la base de las disputas sirias es posible identificar las diputas políticas entre un régimen dictatorial ejercido por la familia Assad, por varias décadas, y las organizaciones políticas opuestas a este régimen. Pero esta disputa, que se puede formular de una forma política, está profundamente mezclada con una disputa de carácter étnico, toda vez que los Assad son parte visible de la minoría alauita, que a su vez son parte de una de las corrientes islámicas minoritarias dentro del chiismo, y que durante las últimas cinco décadas ha tenido el protagonismo político, y algunos observadores locales dicen que incluso religioso, en la conformación del Estado sirio contemporáneo, y en la dominación extendida que por varias décadas sostuvieron sobre Líbano.

---

111 Rabinovich, Itamar y Valensi, Carmit. 2021. *Syrian Requiem: the civil war and its aftermath*. Princeton University Press.

De otra parte, el conflicto en Siria ha tenido un aspecto confuso de confrontación de corrientes chiitas y sunitas, siendo estas últimas, en su mayoría, de filiación étnica árabe. También están presentes en el conflicto sirio otras minorías religiosas, cuyas agrupaciones a su vez van tomando posiciones políticas, y en medio del conflicto, posiciones de carácter armado. Entre estas minorías se encuentran los ismailíes, que son parte de la corriente del chiismo; igualmente se encuentran los drusos y una minoría de cristianos.

Un grupo importante de confrontación en la guerra siria son los kurdos, que siendo una nación, tal como se reconocen, son una de aquellas naciones que carecen de Estado y de territorio soberano, está repartida, por lo menos, en cuatro Estados: Irán, Turquía, Irak y Siria. Los kurdos, con una capital autonómica en la ciudad de Erbil, en Irak, han aspirado a hacerse con un territorio dentro de Siria, y para ello creían contar con el apoyo de los norteamericanos, a quienes dieron su respaldo militar y de inteligencia desde el inicio de la invasión de Irak en 2003, siendo claves para la caída del gobierno de Saddam Hussein.

En este contexto, la oposición a Assad creó desde finales del año 2011 el llamado Ejército Libre de Siria, conformado con muchos exmilitares y expolicías sirios de diversas confesiones y agrupaciones étnicas, que contó con el soporte militar y político de varios Estados occidentales, que apostaron por la caída de Assad e impulsar con ello una agenda política que se veía perdida en la guerra de Irak. Durante los primeros años de la guerra hicieron presencia en el territorio sirio una variedad notoria de organizaciones armadas, especialmente de radicales islámicos, tanto a favor como en contra de Al Assad, como fue el caso de Hizbulah, apoyándolo, así como el de Al Qaeda, atacándolo. El punto culminante de la descomposición de la guerra provino del surgimiento del Estado Islámico, en junio de 2014, a cargo de Abu Bakr al Bagdadi, quien lo proclamó y se autoproclamó califa, haciendo que el Estado Islámico fuera presentado internacionalmente como la restauración de su califato[112]. El nuevo califato se convirtió desde el comienzo en la organización terrorista más amplia y de mayor impacto desestabilizador que se hubiese registrado en las últimas décadas, y que rápidamente logró crear un ejército amplio y fuerte, que derrotó en muchas confrontaciones tanto al ejército de Al Assad como a otras organizaciones islamistas, sobre todo chiitas.

En este escenario, Rusia, que tenía una pequeña base marítima sobre la costa siria para apoyar a sus buques, en el puerto de Tartús, fue tomando un papel relevante en apoyo a Al Assad, y que se había ido consolidando con los diversos puntos de choque que fueron siendo evidentes entre Barack Obama, presidente de Estados Unidos desde 2009, y Putin, siendo un punto de los más importantes la discusión sobre las armas químicas desde 2013, a lo cual Rusia surgió como un soporte a tiempo para el régimen alauí.

A partir de septiembre de 2015 Rusia pasó a desplegar unidades de su fuerza aérea con aviones de combate y bombardeo[113], además de tropas terrestres y asistencia técnica para las

---

112 Moubayed, Sami. 2016. *Bajo la bandera del terror. Un viaje a las entrañas de Dáesh*. Ediciones Península, Barcelona.

113 "Russia unleashes first wave of airstrike in Syria". En: *Al Arabiya News*, 30 de septiembre de 2015.

tropas del régimen de Damasco, fortaleciendo también la venta de armas que Rusia venía haciéndole al gobierno de Al Assad desde el año 2006[114]. Esta intervención se convirtió en la primera que Rusia hacía, después del Estado soviético, más allá de sus fronteras postsoviéticas, y en un entorno diferente al discurso de la revolución mundial comunista; asumiendo además la existencia del Estado Islámico como una amenaza directa para el orden internacional, siendo su combate algo en lo que Rusia podía tomar un papel relevante, obtener influencia y reconocimiento en Oriente Medio, en donde a todas luces había fracasado Estados Unidos después de las confusas condiciones en las que salió de Irak y el empantanamiento estratégico en el que quedó en Afganistán[115].

Rusia aplicó en Siria la estrategia de Grozni de destruir las ciudades, tal y como sucedió con la ciudad de Alepo, con el fin de aplicar a la guerra urbana la idea de arrasar todas las construcciones e infraestructuras críticas como una forma de derrotar a las insurgencias. Para 2019, las tácticas de combate rusas dieron resultado y llevaron a Al Assad a la victoria, pese a las dificultades sobre el terreno con Turquía, que incursionó en diferentes momentos con tropas sore territorio sirio[116], tal y como ya había hecho sobre el territorio iraquí en repetidas ocasiones. La victoria de Al Assad en Siria se confirmó en 2021

---

114   Parker, John W. "Putin's Syrian Gambit: Sharper elbows, bigger footprint, stickier wicket". En: *Strategic Perspectives*, No. 25, del Institute for National Strategic Studies, Washington D.C.

115   Charap. 2021. Página 106.

116   Gall, Carlota. "Turkey declares major offensive against Syrian government". En: *The New York Times*, 1 de marzo de 2020.

con la celebración de unas elecciones que le permitieron retener el poder, sin contendores reales, y con el apoyo incuestionado de Moscú, el nuevo valedor de la geopolítica en Oriente Medio[117].

## LOS ÉXITOS MILITARES QUE PRESAGIABAN EL FUTURO DE UCRANIA

Hasta antes de la guerra de 2022 es evidente que Rusia y sus fuerzas militares se recuperaron rápidamente de las herencias del colapso soviético, y fueron acumulando éxitos bélicos y territoriales, tanto dentro del propio territorio de la Federación de Rusia, como en el espacio exterior postsoviético, en el que Rusia se presentaba como el poder político determinante y como la potencia militar más sobresaliente, de forma tal que podía imponer las soluciones que desde su perspectiva estratégica eran necesarias, como la toma del territorio de Transnistria, o establecer fuerzas de paz rusas, como en Osetia del Sur y Abjasia, o en la interposición entre fuerzas militares moldavas y transnistrias.

La guerra en Georgia fue una prueba mayor, en la que Rusia pudo desplegar a un ejército que parecía renovado, y que enfrentado a una pequeña fuerza militar pudo demostrar todo su poder, a la vez que eliminar cualquier oposición política a su determinación de establecer una orientación internacional específica en su reconstituida esfera de seguridad. Este éxito sobre Tiflis sirvió de antecedente para lo que sería la mayor

---

117 Sanz, Juan Carlos. "El Asad se perpetúa en el poder con un plebiscito para afianzar su victoria militar en Siria". En: *El País*, 26 de mayo de 2021.

intervención más allá del espacio postsoviético, la intervención en la guerra de Siria, en donde las capacidades militares de Rusia fueron tanto evidentes como determinantes, superando militarmente a los oponentes armados del régimen de Damasco con las más brutales tácticas de guerra utilizadas por una gran potencia en el mundo contemporáneo, e imponiéndose tácticamente a los intentos de intervención turca en la guerra siria, o tomando el vacío geopolítico dejado por los Estados Unidos desde 2013, y que fue mucho más notorio desde que Donald Trump asumió el poder en 2017.

Estos éxitos, más la escasa reacción disuasoria de los Estados occidentales y de otras potencias sobre las acciones llevadas a cabo por Rusia en el territorio ucraniano durante el año 2014 en la península de Crimea, y la apertura de una guerra delegada en el territorio del Dombás, le otorgaron a Moscú un perfil de qué podría esperar si ejecutaba una acción militar de gran envergadura sobre Ucrania. Aquí, además, estaba el antecedente estratégico de fondo: Kiev se había desarmado de sus capacidades militares nucleares desde 1994, y durante las últimas dos décadas había perdido aquellos instrumentos que le habrían otorgado invulnerabilidad estratégica. En este contexto, con el ideal de la reimperialización a la vista, y sobre el supuesto de la necesaria reconstrucción estratégica del entorno que rodea a la Rusia contemporánea, aspirar a reconquistar Ucrania, y reintegrarla en la Federación de Rusia no era algo descabellado. Eran las ideas que Alexander Duguin y los demás geopolíticos rusos contemporáneos habían proclamado desde la década de 1990.

# CAPÍTULO 3

# LA GUERRA DE INDEPENDENCIA DE UCRANIA

## LA NACIÓN EN ARMAS

En la guerra del 2022 Ucrania se ha transformado en una nación en armas, algo que hubiese sido impensable en 1992, cuando consiguió que la perseguida independencia fuera reconocida internacionalmente, incluyendo a la también naciente Federación de Rusia, un Estado nuevo, distinto de la URSS y del imperio zarista, pero que reclamó la posición de heredera de la primera en el ámbito internacional para mantener la silla en el Consejo de Seguridad de la ONU, como un cierto ámbito de política exterior que Moscú había llevado adelante entre 1922 y 1991.

La nación en armas se ha conformado además como un proceso de construcción de la nación, dando lugar a la configuración del experimento social que se puede seguir en vivo y en directo a través de las crónicas y reportajes sobre la guerra, sobre las reacciones de quienes intervienen en ella como agredidos y defensores, y de quienes toman parte como invasores y agresores.

Tres hechos han sido claves en esta conformación de la nación en armas:

Primero: el ejército ucraniano dio lugar a una modernización concienzuda de sus capacidades militares, en una doctrina que tenía como punto básico la defensa contra una posible agresión rusa, que podía implicar la toma de los territorios orientales en la región del Dombás, pero que al parecer consideraba como muy improbable la ejecución de una invasión en toda escala dentro del territorio. Esto llevó a que desde las operaciones militares de invasión llevadas a cabo por Rusia a partir del año 2014, tanto con la invasión de la península de Crimea como en las regiones separatistas de Donetsk y Lugansk, los militares ucranianos iniciaran nuevos procedimientos de entrenamiento, el desarrollo de nuevas capacidades en cuanto a equipamientos, armamentos y capacidad de despliegue de operaciones rápidas, en el marco de un ejército nacional, políticamente comprometido con la identidad nacional ucraniana. Las fuerzas militares de Ucrania se fueron convirtiendo en la estructura estabilizadora de un Estado sometido a constantes escándalos de corrupción y malas decisiones tomadas por quienes han ejercido el gobierno. Las fuerzas armadas convencionales, conformadas por la infantería, la armada y la fuerza aérea, que para el año de 2020 tenían un número aproximado de 209 000 tropas movilizadas, se complementan con las fuerzas de la Guardia Nacional, con un total de 46 000 tropas regulares; y la Guardia de Fronteras, con un número de 42 000 tropas regulares[118].

---

118 "The Military Balance, 2020". *The International Institute for Strategic Studies*. Páginas 211-213.

La reforma del sector defensa en Ucrania implicó plantear cambios a fondo que iban desde la clarificación de la dirección de mando, estableciendo condiciones básicas para ejercerlo y control sobre los diversos organismos e instituciones involucradas en el sector defensa, hasta la definición de las responsabilidades de cada una de las instancias institucionales, de cara a la defensa nacional, conllevando ello un cambio sustancial en la logística militar y la defensa en general, la capacidad de reclutamiento[119] y el establecimiento de relaciones internacionales que permitieran la creación de una alianza defensiva real, o el fortalecimiento de posibles alianzas de asistencia defensiva militar, dado el evidente fracaso que se registró en el mecanismo consignado en el acuerdo conocido como el Memorándum de Budapest, como consecuencia de los hechos de 2014 por parte de Rusia contra Ucrania, uno de los principales firmantes en dicho acuerdo.

Desde el inicio, el ejército ucraniano ha logrado proyectar comunicaciones con los ciudadanos, sin exponer asuntos que puedan ser sensibles por razones de seguridad, a la vez que ha permitido que acciones de enfrentamiento destacado contra los rusos sean conocidas por la opinión pública, haciendo que algunos soldados sean vistos como héroes, ya sea en acciones de combate, en las que han muerto, o por acciones de apoyo a los ciudadanos civiles. Este es el caso del infante de la marina ucraniana Vitaly Sakakun, quien murió mientras ubicaba explosivos en el puente que destruyó para impedir el avance de las tropas rusas hacia la ciudad de Jersón. Esta visión, construcción

119 Oliver, Olga y otros. 2016. *Security Sector Reform in Ukraine*. RAND Corporation.

y simbolización de los héroes de la nación tienen antecedentes en personajes como el cantante de ópera Vasil Slipak[120], quien murió en combates contra los separatistas del Dombás en 2016, y ahora se encuentra en una pintura del Monasterio de San Teodosio, en traje militar, en donde la Iglesia ortodoxa de Ucrania también asienta su posición contra la invasión y, por tanto, se reafirma en la separación de la Iglesia ortodoxa rusa seguidora del patriarca de Moscú, y de la Iglesia ortodoxa independiente de Ucrania[121]. Lo que se activa en esta perspectiva de la guerra es la construcción de la nación a través de la misma, en donde la amenaza exterior refuerza los vínculos identitarios, de reconocimiento y de solidaridad de la sociedad que es víctima de una agresión militar[122].

Segundo: una vez iniciada la invasión, a partir del 24 de febrero del 2022, el presidente Volodímir Zelenski, luego de una sesión de urgencia del Consejo de Seguridad Nacional, y pasados los primeros y desconcertantes momentos del ataque sobre Ucrania, invocó la Ley Marcial, para obligar a todos los hombres del país, entre los 18 y los 60 años, a presentarse a prestar servicios militares, o de apoyo a los militares. En la

---

120 Kramer, Andrew E. "Wassyl Slipak, who left Paris Opera for Ukraine War, dies at 41". En: *The New York Times*, 30 de junio de 2016.

121 Vega, Luis de. "La trinchera espiritual de Kiev". En: *El País*, 1 de abril de 2022.

122 Nicholas Sambanis, Stergios Skaperdas y William C. Wohlforth han propuesto un redimensionamiento de los procesos de construcción de naciones desde la práctica de la guerra, y de los impactos que esta tiene en la construcción de las instituciones y los mecanismos de cohesión social. Véase su artículo "Nation-building through war", En: *The American Political Sciences Review*, vol. 109, No. 2 (mayo 2015), pp. 279-296.

semana del 14 de marzo esta ley fue extendida hasta abril[123], toda vez que se fue previendo que el conflicto iría ampliándose tanto temporal como territorialmente. Pero más allá de la ley marcial, decenas de miles de civiles ucranianos, según diversas fuentes de información, abarcando, entre otras, fuentes gubernamentales, se presentaron voluntariamente para recibir armas ligeras o para integrarse en las unidades militares que abrieron procesos de conscripción con carácter de urgencia, entrenando en cortos períodos a miles de soldados, los que a su vez fueron enviados a diversos puntos, o bien al lado de los soldados profesionales o de las unidades de apoyo para la defensa de ciudades y pueblos. Diversos reportajes de los medios de comunicación occidental han indicado además que no solo los hombres han tomado parte en las acciones militares, sino que también muchísimas mujeres se han presentado para dar apoyo en diversas labores, que van desde las actividades de guerra en el frente de combate, hasta la elaboración de redes para ocultar los tanques y los vehículos blindados de las fuerzas armadas ucranianas[124].

En las escenas de civiles alistándose para los combates, o trabajando en labores de apoyo que involucran las actividades de la guerra urbana, se han publicado en las redes sociales, durante el desarrollo del conflicto, videos de entrenamientos con armas en posiciones de ataque y defensa, así como explosivos de fabricación casera. Los civiles que no entran en las

---

123 *Reuters*, 14 de marzo de 2022. "Ukraine's Zelensky submits Bill extending martial law late April".

124 Sahuquillo, María. "De la universidad a la milicia en Ucrania. "Tengo que ayudar a proteger a mi país contra los terroristas rusos". En: *El País*, 27 de febrero de 2022.

fuerzas militares regulares se han organizado en batallones de voluntarios que, de todas formas, quedan organizados dentro de las fuerzas armadas, cubiertos por las capacidades de mando y control, superando los problemas presentados en 2014 con los batallones de voluntarios y las organizaciones paramilitares, entre los cuales surgieron algunas de extrema derecha, autoidentificados y proyectados como unidades de combate nazis[125]. En un reportaje escrito desde Ucrania, el periodista del *New York Times*, Andrew E. Kramer[126], describió en diciembre de 2021 cómo desde ese momento las fuerzas armadas de Ucrania preparaban intensamente a civiles para enfrentar ataques, combates y situaciones de crisis, aunque en ese momento aún la mayoría de la población ucraniana veía como improbable una agresión militar a gran escala por parte de Rusia y, al igual que la mayoría de la opinión pública internacional, consideraba que de llegar a presentarse dicha agresión quedaría contenida en los territorios separatistas orientales, además de la ya tomada península de Crimea.

Estos entrenamientos de civiles estaban basados en lo que se supone son las lecciones aprendidas de Irak por parte de las fuerzas armadas de los Estados Unidos, más la incorporación de elementos de las doctrinas de defensa de los países nórdicos, especialmente Suecia, sumado a otros esfuerzos de defensa provenientes de los países de Europa oriental que habían sido sometidos al control de Rusia, tanto en su período zarista desde

---

125 Sahuquillo, María. "La milicia ultra se prepara para el combate en Rusia". En: *El País*, 28 de noviembre de 2018.

126 Kramer, Andrew E. "Training civilians, Ukraine nurtures a resistance in waiting". En: *The New York Times*, 26 de diciembre de 2021.

el siglo XVIII, como durante el período soviético durante el siglo XX. Entre estos países se destaca de forma directa Polonia, un Estado con soberanía atenuada durante el período de control soviético, vigilado por las fuerzas militares del Pacto de Varsovia, junto con Letonia, Estonia y Lituania, que habían sido considerados colonias rusas, sometidas a un control de este estilo, y obligados a ser parte de la URSS luego del tratado Ribbentrop-Molotov. El entrenamiento de civiles, algo que al parecer era bien acogido por un sector importante de los ciudadanos ucranianos, no estaba dirigido a una equiparación de las fuerzas militares rusas, algo que de por sí era imposible de alcanzar, basándose en una simple comparación de capacidades materiales y disposición de tropas, sino a preparar a civiles para un combate de resistencia, quizá a largo plazo, en el marco de operaciones irregulares, e incluso de una guerra asimétrica prolongada.

Un tercer hecho para que Ucrania se haya convertido en una nación en armas en la guerra de 2022 proviene del poder político estatal, encarnado en el gobierno que preside Volodímir Zelenski, elegido presidente en 2019 con el 73,22 % de los votos. Durante las elecciones se enfrentó a Petró Poroshenko, quien había sido presidente en el período anterior, y contaba con el apoyo de un sector importante de oligarcas, quienes se acomodaron a las transformaciones políticas que Ucrania inició luego de la crisis del 2014, entre ellas un acercamiento firme a la Unión Europea y la promoción de que el país estableciera un acuerdo de ingreso a la OTAN. Poroshenko también gestionó, en la medida de lo posible, los lazos entre Kiev y el gobierno de Donald Trump, quien tenía una relación tácita de buenos términos con Vladímir Putin. El triunfo de Zelenski estuvo garantizado básicamente por su lema de luchar contra la corrupción, una denuncia palmaria de la que al parecer Poroshenko no podía escapar fácilmente. También influyó en la victoria de Zelenski un hecho de su vida profesional, que puede asumirse como una ironía de la historia: se desempeñó como el protagonista de una serie de televisión denominada "Servidor del pueblo", en la que representaba a un maestro de escuela que llega a la presidencia de Ucrania para gobernar en un momento de especial crisis política. Entre los datos que se pueden obtener de la biografía de Zelenski, dado que no existe una biografía autorizada o producto del trabajo de un historiador reconocido, se debe indicar que es judío, cuyo idioma materno es el ruso, y que asumió el ucraniano como segunda lengua e idioma de socialización. Parte de su familia fue víctima del Holocausto nazi durante la Segunda Guerra Mundial, y otra parte logró escapar de ella. A pesar de este hecho, con la elección de Zelenski como presidente no todos los judíos de Ucrania se sintieron cómodos[127], y menos aún identificados, entre otras razones porque no era un judío religioso, ni provenía de una familia judía como tal. Zelenski estudió Derecho en la Universidad Económica Nacional de Kiev. De esta forma, es posible afirmar que cuando Zelenski asumió el poder en Ucrania era un novato, pues por su trayectoria personal y profesional no hacía parte de las élites de gobierno del período soviético, ni tampoco

---

127  Higgins, Andrew. "Ukraine's newly elected president is Jewish. So is its Prime Minister. Not all jews there are pleased". En: *The New York Times*, 24 de abril de 2019.

hacía parte de los grupos de gobierno que se formaron desde la independencia de 1991.

Cuando asumió el poder en mayo de 2019, debió enfrentar por lo menos cinco retos básicos: primero, reformar la economía para convertirla en una de carácter competitivo, que además recuperara los ingresos perdidos desde la independencia, cuando tenía un nivel de ingreso y productividad similar al de Polonia, y que tres décadas después era por lo menos entre tres y cuatro veces inferior. Segundo, abrir la ruta para una integración efectiva, y lo más rápido posible, con los Estados europeos, tanto en procesos bilaterales como en el marco de las relaciones que fuesen posibles de establecer con la Unión Europea. Tercero, instaurar una relación diplomática directa y clara con Moscú, tanto por los asuntos urgentes y pendientes de tratamiento desde la crisis de 2014, como por la amenaza que en sí misma representa Rusia para Ucrania, tanto por su tamaño y sus capacidades como por su política exterior y sus diferentes formas de entender las relaciones bilaterales. Cuarto, buscar establecer una relación directa con Bielorrusia, que permitiera además neutralizar las acciones de política exterior que este país pudiera iniciar contra los intereses y las acciones de Kiev. Y quinto, profundizar una política de seguridad y defensa para Ucrania que, si bien no estimulara que Rusia asumiese una actitud agresiva, tampoco impidiera asumir el diálogo sobre el estatus de Crimea y la crisis insurgente en la región del Dombás. Zelenski se planteó una agenda reformista ambiciosa ante una serie de problemas que tenía que enfrentar y que, a su vez, no eran de fácil trámite en la vida política de

Ucrania[128]. De hecho, durante el discurso de posesión, desde el cual no dudó de enfrentar a la oposición conformada por los políticos profesionales ucranianos, y no por novatos como él, afirmó que "No tengo miedo de tomar decisiones difíciles, estoy dispuesto a perder mi popularidad, mis reconocimientos, si es necesario, o incluso mi puesto, siempre que logremos la paz", a la vez que intentaba disolver el Parlamento para cumplir con sus promesas de campaña e impulsar la agenda reformista que se había trazado[129].

En la que quizá fue la primera aparición pública de Zelenski después de las primeras dos noches de bombardeos, salía en un video filmado con su propio teléfono móvil, sostenido con la mano derecha, saludando a todos los ucranianos, y desmintiendo las noticias falsas que se propagaban desde medios de comunicación y redes sociales de telecomunicaciones rusas que afirmaban que había huido del país. Aparecía, además, en la calle, con la casa presidencial de fondo. El tono en el que hizo la alocución tenía cierto sentido del humor y estaba marcado por una sonrisa dibujada en los labios. Sus ropas eran militares, habiendo dejado las civiles, sobre todo los trajes y las corbatas, quizá para la posguerra, y desde entonces aparece frecuentemente en los medios de comunicación vistiendo ropas militares, en algunas ocasiones a medianoche o en el amanecer, rodeado de oficiales militares, de soldados e incluso de miembros de su gobierno, que, al igual que Zelenski, han empezado a vestir

128 Pifer, Steven. "Ukraine's Zelensky ran on a reform platform. Is he delivering?" En: *Brookings.edu*, 22 de julio de 2020.

129 Mendel, Luliia y Nechepurenko, Ivan. "Ukraine's new president dissolves parliament and calls a snap election". En: *The New York Times*, 20 de mayo de 2019.

trajes militares. En el perfil inicial que hizo *The Economist* sobre Zelenski, una vez iniciada la guerra, en un artículo que tituló "Cómo Volodímir Zelenski encontró su destino", señala que él no era un hombre que estaba impulsado por el nacionalismo ni por la ideología sino que, por el contrario, era en sí mismo un hombre común[130].

Este conjunto de características han sido claves al momento de entender cómo este presidente, el más joven en la historia republicana de Ucrania, ha impulsado la identidad nacional en medio de la guerra, haciendo que esta tenga un papel aglutinador de la sociedad en medio de la tragedia. Algunos columnistas de diferentes medios de prensa, en Estados Unidos y en Europa, han llegado a comparar el comportamiento, los llamamientos y el liderazgo de Zelenski entre los ucranianos con los que tuvo Winston Churchill durante la Segunda Guerra Mundial entre los británicos, e incluso entre los aliados occidentales[131].

Esta condición de presidente mediático, de discurso directo, ha animado a miles de ciudadanos ucranianos residenciados desde hacía muchos años en otros países a regresar para tomar las armas contra Rusia, o a apoyar los esfuerzos militares, de defensa y de seguridad que se han requerido en diferentes partes del territorio nacional. Pero el proceso más importante que ha impulsado Zelenski es consolidar una identidad nacional

---

130 "How Volodymyr Zelensky found his roar", *The Economist*, 26 de febrero de 2020.

131 Marr, Andrew. "Zelensky doesn't know the end of his story. Churchill didn't either". En: *The New York Times*, 23 de marzo de 2022. En *CNN*: Zachary B. Wolf: "Zelensky is not Churchill. He's a more unlikely hero", 9 de marzo de 2022, en el *Jerusalem Post*: "Volodymyr Zelensky, the making of a modern Winston Churchill", por Ahmed Charai, el 17 de marzo de 2022.

que antes de la guerra parecía dispersa[132]. Esta perspectiva se torna mucho más fuerte si se compara con la actitud de Viktor Yanukóvych cuando huyó a finales de febrero de 2014 hacia Rusia[133] para evitar verse involucrado en un conflicto armado de serias consecuencias, o para evitar utilizar el aparato coercitivo del Estado en una seria represión contra los manifestantes, que ciertamente habían logrado aglutinar a una mayoría a su alrededor. Pero también es comparable con la actitud asumida por el último presidente, por ahora, de la República Islámica de Afganistán, Ashraf Ghani, quien huyó en un vuelo comercial ante la inminente llegada de los talibanes a Kabul el 16 de agosto de 2021, con lo que generó la dispersión final de las fuerzas militares leales afganas y terminó de hundir la voluntad de combate entre las tropas de la república contra las fuerzas de los fundamentalistas talibanes[134]. La explicación de Ghani sobre su salida de Kabul realza aún más la posición de Zelenski, pues el presidente afgano afirmó después de haber salido de la capital: "para evitar un baño de sangre, pensé que sería mejor irme", asumiendo la derrota de antemano, y con ello, dejando atrás la posibilidad de mantener en pie la república que se había empezado a construir después del año 2001.

---

132  Una evaluación interesante sobre la conformación de la identidad nacional ucraniana, con sus vicisitudes y complejidades, es la que presenta Andrew Wilson, en su texto titulado *The Ukrainians: Unexpected nation*, publicado por Yale University Press, con cuarta edición en 2015.

133  "Putin: Russia helped Yanukovych to flee Ukraine". *BBC News*, 24 de octubre de 2014.

134  Espinosa, Ángeles. "Ashraf Ghani, el presidente que fracasó en su intento de hacer la paz con los talibanes". En: *El País*, 16 de agosto de 2021.

El liderazgo de Zelenski ha impulsado un factor clave para la capacidad de lucha en las acciones bélicas, ampliamente discutido por diversos autores, en una abrumadora cantidad de libros escritos y publicados sobre el "arte de la guerra", la habilidad de conducción de la misma, y especialmente sobre los factores que conducen a su éxito: la voluntad de hacer la guerra hasta obtener la victoria, por difíciles o adversas que sean las circunstancias. Este fue uno de los aspectos destacados por Carl von Clausewitz en su conocido texto *De la guerra*, en el que en los apartados dedicados a los asuntos morales presentes en los enfrentamientos bélicos afirma que tener una claridad moral sobre la guerra, algo que en la terminología militar contemporánea se refiere a la vez a la voluntad para asumir los riesgos de la batalla con la determinación de tener la victoria independiente de las condiciones o de las desventajas, y a la ventaja que otorga tener objetivos militares políticamente claros, legítimos y defendibles. En el caso de Clausewitz esta afirmación estuvo claramente arraigada en la observación sobre cómo las fuerzas revolucionarias francesas, dirigidas por Napoleón, habían obtenido la victoria en diferentes guerras, gracias a la moral que dichas tropas parecían tener en la convicción con la que iban a la lucha.

En una larga entrevista otorgada por Zelenski a *The Economist* después del 22 de marzo, cuyos contenidos han sido publicados por la revista a partir del día 2 de abril, el presidente ucraniano afirmó que los ciudadanos de su país y él mismo creen en la victoria porque "Este es nuestro hogar, nuestra tierra, nuestra independencia. Es solo cuestión de tiempo"[135]. Zelenski afirma sin ambigüedades que Ucrania debe ganar a Rusia, aunque es claramente consciente de la inferioridad militar y de las capacidades limitadas para enfrentarse a las fuerzas militares rusas, pero también tiene claro que lo que su país se juega es la existencia, por eso afirma, refiriéndose a Putin y su plan de guerra: "No creo que visualice en su mente la misma Ucrania que nosotros vemos". Más adelante continúa diciendo que "Él [Putin] ve a Ucrania como parte de su mundo, su visión del mundo, pero eso no corresponde con lo que sucedió durante los últimos treinta años. No creo que Putin haya estado en un búnker durante dos semanas o seis meses, sino durante más de dos décadas". Aquí es claro que para Zelenski Ucrania está en una guerra de independencia frente a una Rusia que intenta por todos los medios reconstruir su imagen y realidad de imperio, y para ello necesita recuperar los territorios perdidos. Entre estos territorios, Ucrania es una pieza fundamental y diferenciada de Bielorrusia, que ha estado gobernada por una autocracia, o si se quiere, en la versión más limitada, por una democracia liberal, y ha optado en la práctica por ser un Estado subsidiario de la Federación de Rusia, como quedó claro durante la última crisis política y social de 2020, luego de las cuestionadas elecciones presidenciales.

Zelenski expone, para decirlo en términos clásicos, el soporte moral de la guerra de independencia de Ucrania cuando compara la máquina de guerra rusa con la compasión de los

---

135  *The Economist*: "Ukraine's president tells The Economist why Vladímir Putin must be defeated". 2 de abril de 2022.

soldados ucranianos con los muertos, incluyendo a los rusos, y la valerosa acción de los ciudadanos de su país, al enfrentarse desarmados a las fuerzas de los ocupantes, de la siguiente manera:

Los invasores ni siquiera lamentan sus propias bajas… Esto es algo que no entiendo. Unos 15 000 [soldados rusos] han muerto en un mes… [Vladímir Putin] está arrojando soldados rusos como madero al horno de un tren. Y ni siquiera los entierran… sus cadáveres quedan en las calles. En varias ciudades, pequeños poblados, nuestros soldados dicen que es imposible respirar por el… hedor de carne podrida.

La comparación con los soldados y los civiles ucranianos se produce en los siguientes términos:

Nuestros intrépidos soldados están defendiendo Mariúpol en este momento… podrían haberse retirado hace mucho tiempo, pero no van a dejar la ciudad… Dicen que deben quedarse y enterrar a los muertos en combate y salvar las vidas de los heridos… [Y] mientras la gente siga viva debemos seguir protegiéndolos. Esta es la diferencia fundamental sobre la forma como los bandos opuestos ven la guerra[136].

Hacia el final de la entrevista los reporteros le preguntan a Zelenski sobre el lugar en el que se encontraba en el momento en que se iniciaron los ataques, a lo que él responde que en casa,

136  Ibidem.

con su familia; luego, la pregunta va más allá para abordarlo sobre si es valiente o no, o si tenía planificado realizar lo que ha hecho, y su respuesta, como si de un constructor de nación despistado se tratara, fue: "No se trata de ser valiente… Tengo que actuar como lo hago", a lo que en el reportaje se recalca que el presidente no se preparó para el papel de héroe de guerra, para retomar otra afirmación textual del entrevistado: "Si no sabes cómo hacer algo de una forma u otra, debes ser honesto y ya está. Tienes que ser honesto para que la gente te crea. No necesitas intentarlo. Necesitas ser tú mismo… y es importante no intentar parecer mejor de lo que en realidad eres"[137]. La entrevista transcurre bajo la presentación simbólica de Zelenski desde el comienzo de la guerra, con uniforme militar de combate, del ejército ucraniano, y siempre están visibles de una forma u otra la bandera azul clara y amarilla, y el escudo con el tridente mítico medieval. El presidente va adquiriendo así un aíre de héroe clásico, que evoca en sí mismo la construcción de la nación, la nación que surge del Estado atacado.

En esta perspectiva de la nación en armas, liderada por un dirigente que asume sin grandilocuencias, pero con capacidad mediática permanente con los ciudadanos de su país, la resistencia militar de las fuerzas armadas ucranianas se ha presentado como una sorpresa bélica que confronta a la Europa postnacional y postheróica con una guerra que pretende obtener la victoria, desde el punto de vista de los ucranianos, tal y como lo ha indicado reiteradamente el presidente en sus discursos. El temor de los resistentes ante los ataques militares es que Rusia

137  Ibidem.

acuda a allegar ejércitos de refuerzos sobre las zonas de combate, con más equipos militares, el despliegue de armamentos más sofisticados, incluyendo los misiles hipersónicos[138], o las temidas armas de destrucción masiva. Pero aquí la voluntad de lucha tiene un papel destacado a la hora de buscar la mejor adaptación de la contienda, sacando provecho del conocimiento del terreno y, en las guerras asimétricas, de los errores y desventajas del enemigo. A este respecto el general retirado de las fuerzas armadas de Estados Unidos, expresidente del Estado Mayor Conjunto, Frederick B. Hodges, expresó, refiriéndose a la resistencia ucraniana, que "En combate, siempre es diferente lo que se pensaba que sería [la guerra] de lo que realmente es, y el lado que aprende más rápido y se adapta, más rápido ganará", concluyendo a su vez que "Hasta ahora, Ucrania está aprendiendo y adaptándose más rápido", a lo que hace eco las afirmaciones hechas por Thomas Bullock sobre que los ucranianos han logrado aprender más rápido de los errores tácticos que han cometido los rusos[139]. Citado de forma explícita por Schmitt, Cooper y Barnes, Bullock afirma que los rusos "se han limitado a las carreteras principales para poder moverse rápidamente y no correr el riesgo de atascarse en el barro. Pero avanzan por caminos sinuosos y sus flancos y rutas de suministros están demasiado expuestos a los

---

138  La definición misma de qué es o no un misil hipersónico ha estado en debate entre los expertos militares en misiles, y aunque Rusia ha reclamado haber efectuado el lanzamiento de algunos de estos misiles en la guerra de 2022, aún no se tienen soportes y evaluaciones independientes que confirmen este hecho. Una explicación de qué son este tipo de misiles se puede encontrar en español en un artículo publicado por David Wright y Cameron Tracy, titulado "Armas hipersónicas", en la revista *Investigación y Ciencia* # 541, de octubre de 2021.

139  Schmitt, Eric; Cooper, Helen y Barnes, Julian E. "How Ukraine's Military has resisted Russia so far". En: *The New York Times*, 3 de marzo de 2022.

ataques ucranianos, y ahí es donde [los defensores ucranianos] han tenido sus mayores éxitos".

Al parecer los ucranianos han logrado equiparar operativamente, en términos tácticos, a los rusos, contando además con la ventaja de estar haciendo una guerra defensiva, la que se considera es más posible ejecutar, y que, en casi todos los conflictos en la historia, suele contar con el apoyo, la simpatía y el involucramiento de las poblaciones atacadas. Esta perspectiva fue clave en guerras como la de Vietnam, en donde la voluntad de lucha y la colaboración abierta de las poblaciones atacadas fueron claves para los defensores[140]. Los problemas rusos con la logística son sorprendentes después de los años de modernización militar que han corrido en las últimas dos décadas, y de los éxitos militares que han obtenido en guerras como las de Chechenia, Georgia o Siria. Los problemas de logística han sido siempre, en la práctica de la guerra, y en todo tipo de actividad económica o institucional que involucre movilización de recursos y personas a grandes escalas, básicos para obtener el éxito. Estos mismos son los que explicaron que Napoleón Bonaparte obtuviera la victoria en casi todas sus aventuras militares, pero fracasara estrepitosamente en las guerras contra Rusia, al igual que fracasaron las fuerzas de Alemania en su ofensiva final contra la Unión Soviética durante la Segunda Guerra Mundial, cuando las redes logísticas ya no podían ir más allá de lo que habían logrado en los primeros años[141]. Martin

---

140 Véase al respecto el capítulo dedicado a la guerra de Vietnam, en el libro de Michael Burleigh, titulado *Pequeñas guerras*, Editorial Taurus, Madrid. 2013.

141 Una revisión general de los impactos de las guerras napoleónicas, cuyas capacidades logísticas evalúa Martin van Creveld en el capítulo 3 del libro que se cita a continua-

van Creveld, historiador militar que desarrolló su carrera profesional en la Universidad Hebrea de Jerusalén, explicó con detalle las implicaciones de la logística para la guerra, en su libro *Los abastecimientos en la guerra. La logística desde Wallenstein hasta Patton*[142]. Paradójicamente las redes y las capacidades logísticas de los ucranianos, con menos fuerza en equipo militar y menos efectivos para ser desplegados sobre la idea de una guerra total, han sido mucho más efectivas, y se han ido preparando para prolongar una posible guerra de guerrillas, para resistir a una invasión que ha tomado el cerco y sitio de las ciudades como un objetivo básico.

Uno de los aspectos menos conocidos en público ha sido que gran parte de los éxitos de la resistencia ucraniana se deben a un desempeño evidentemente mejor de las redes de inteligencia sobre el terreno y a las capacidades de espionaje reenfocadas desde las crisis territoriales y de seguridad ocurridas desde 2014, que obligaron a que la inteligencia del Estado ucraniano debiera no solo dar una información básica, sino que tuviese que involucrarse a fondo en el conocimiento del Estado ruso, de sus capacidades militares, y obtener información sobre los diferentes movimientos que ejecutan. Esto implicó una mejora notoria del servicio de inteligencia exterior creado en 2004, y una sustancial capacidad de recolección de información para ataques específicos, con ayuda de los ciudadanos civiles que cooperan con las fuerzas de seguridad, como también a través

ción, se puede ver en el libro de Charles Esdaile, titulado *Las guerras de Napoleón. Una historia internacional, 1803-1815*, publicado por Editorial Crítica en 2007, en Barcelona.

142 Publicado por Publicaciones del EME, Madrid, 1985.

de la recolección de la información que sucede dentro de las fuerzas rusas, la identificación de los comandantes sobre el campo de batalla que han muerto por la acción de los franco-tiradores ucranianos[143], y finalmente, la capacidad de infiltrar y filtrar las informaciones de las cadenas de mando rusas[144]. En este apartado también hay que destacar que los ucranianos han recibido un permanente apoyo de la inteligencia norteamericana, sobre todo desde que Joe Biden asumió la presidencia en enero de 2021, resaltando una serie de operaciones de inteligencia que han sido acertadas en las informaciones recolectadas y convertidas en alertas para Ucrania, para los Estados Unidos, la OTAN y la comunidad internacional.

## ESTADO, NACIÓN Y GUERRA

En los debates históricos, sociológicos y políticos sobre la construcción del Estado moderno, que están llenos de variantes, tendencias, matices y una abundante cantidad de autores destacados, es posible seguir las rutas que permitieron el trabajo de dos de ellos, en la búsqueda de los procesos de construcción de Estado en relación con la práctica de la guerra, y en el medio de esta relación, que es básicamente política, los procesos que en muchos casos han acompañado a la construcción de naciones. Estos dos autores son Charles Tilly, sociólogo historiador, quien, durante su largo trabajo sobre violencia y movimientos

143  Torianovski, Anton y Schwirtz, Michael. "As Russia stalls in Ukraine, dissent brews over Putin's leadership". En: *The New York Times*, 22 de marzo de 2022.

144  Bilefsfky, Daniel y Cooper, Helen. "An information battle over Ukraine takes center stage". En: *The New York Times*, 3 de marzo de 2022.

sociales, formuló una de las más acertadas elaboraciones sobre el Estado y sus diversos impactos en su libro *Coerción, capital y Estados europeos*. El otro autor es Martin van Creveld, quien desde su trabajo titulado *The Rise and Decline of the State*[145], logró realizar una evaluación histórica sobre la conformación del Estado moderno, su relación con la creación de instituciones, con los diversos modelos de orden internacional, y su impacto en la modelación de las estructuras sociales. Incluso van Creveld llega a afirmar en su libro, publicado en 1999, que, a principios del siglo XXI, se registra un declive evidente del poder del Estado, si comparamos a los Estados contemporáneos con los períodos anteriores.

Más allá de los debates específicos y de las derivaciones intelectuales e investigativas que presentan, lo cierto es que en el caso de la guerra en Ucrania es posible identificar algunos matices presentes que, de nuevo, nos llevan a un escenario clásico de guerra por parte de Rusia con el país vecino al que considera parte de sus territorios históricos, lo que la convierte necesariamente en una guerra imperial. El trabajo del historiador V. G. Kiernan sirve para identificar trazos sostenibles de comportamiento imperial en las guerras rusas contemporáneas, no de un Estado que quizá pueda aplicar políticas imperialistas, lo que en sí mismo es una diferencia importante, en su libro *Colonial Empires and Armies, 1815-1960*, en donde habla específicamente de Rusia, en comparación con el Imperio británico[146].

145 Creveld, Martin van. 1999.

146 Kiernan, V. G. 1998. *Colonial Empires and Armies. 1815-1960*. Sutton Publishing Limited, Gloucestershire. Páginas 57 a 72.

Charles Tilly plantea de manera directa que el Estado hace la guerra, y viceversa, lo que quiere decir que la práctica de la guerra también implica la creación del Estado, pero la creación del Estado, más allá de construir instituciones y de las capacidades mismas de gobernar, genera una serie de procesos asociados a la ineludible cohesión de la sociedad sobre la que se gobierna. Argumenta que, dependiendo de las tendencias en las dinámicas políticas que una sociedad haya experimentado antes de una guerra específica, el Estado puede convertirse en el promotor de una identidad política y social básica, diferenciada en una dimensión notoria con respecto a los enemigos, lo que implica necesariamente la construcción de una relación política entre el Estado y los miembros de la sociedad que este gobierna. En medio de la guerra los Estados deben dirigir, o crear si no existe, una fuerza militar capaz de defenderlos, o por lo menos de sostenerlos; centralizar las medidas de gobierno, una de las dimensiones claves en la construcción de los Estados, si no la principal, tal y como la lección de los monarcas modernos en Europa occidental mostró en el período posterior al siglo XIV[147]: imponer un efectivo control del territorio; cobrar impuestos; imponer la ley marcial; centralizar las relaciones internacionales; y controlar los órganos que tengan alguna capacidad representativa como los parlamentos.

En estas circunstancias de guerra y confrontación, principalmente cuando se trata de guerras, o de intervenciones internacionales, más que de guerras civiles en sentido estricto, cuando las identidades políticas y las lealtades institucionales

147  Creveld, Martin, 1999. Página 59 y siguientes.

se autodestruyen, construir una nación en medio de la guerra se puede ver favorecido toda vez que el Estado en sí mismo puede promover una ideología en función de las creencias que pueden aglutinar a los individuos, o puede promover medidas de cohesión social que son obligatorias para atender a las víctimas civiles de las guerras, y en últimas, promover los elementos necesarios para construir, o reconstruir, una identidad política que dé sentido tanto a la guerra como a las circunstancias en las que el Estado deberá ser reconstruido, y el conjunto de los vínculos políticos revaluados. Ecos de esta perspectiva giran alrededor del debate sobre naciones y nacionalismos, tan trabajado y conocido en los ámbitos académicos de la segunda mitad del siglo XX, en donde libros tan polémicos como los de Eric Hobsbawm[148] y Terence Ranger[149] apuntaron a una cierta artificialidad de las naciones y de su uso político por parte de los partidos políticos y las élites dominantes. También está una de las más brillantes respuestas a los planteamientos de Hobsbawm y Ranger en el trabajo de Adrian Hastings[150], con una ilustrada trayectoria mostrando que las naciones han surgido de unos vínculos políticos históricos fuertes, y que tienen un protagonismo político que en muchas ocasiones trasciende de forma evidente las limitaciones de las ideologías políticas. En el mundo hispánico se pueden citar tres trabajos de referencia en lo tiene que ver con estos debates, sin desconocer trabajos

148   Hobsbawm, Eric. 1990. *Naciones y nacionalismos desde 1780*. Editorial Crítica, Barcelona.

149   Hobsbawm, Eric y Ranger, Terence. *La invención de la tradición*. Editorial Planeta, Barcelona.

150   Hastings, Adrian. 2000. *La construcción de las nacionalidades. Etnicidad, religión y nacionalismo*. Cambridge University Press, Madrid.

como los de Ernest Gellner: estos son los de Tomás Pérez Vejo, titulado *Nación, identidad nacional y otros mitos nacionalistas*[151]; el de Francisco Colom, titulado *Tristes patrias. Más allá del patriotismo y del cosmopolitismo*[152], y de los varios títulos de Andrés de Blas Guerrero sobre el tema se destaca la *Enciclopedia del nacionalismo*[153].

Sin embargo, en términos prácticos, el problema de la construcción de la nación se ha convertido en un asunto clave en los procesos bélicos contemporáneos, siendo asumido como una forma de disminuir los riesgos de violencia, encontrar rutas de estabilidad social y crear Estados que sean viables. En este sentido la RAND Corporation, el *think tank* creado por la Fuerzas Armadas de los Estados Unidos en 1948 para ofrecer investigaciones, debates e información independientes que puedan servir de orientación para la formulación de políticas públicas, presentó en 2017 un estudio para explorar e indicar la necesidad de trabajar en la perspectiva de la construcción de naciones y su relación con los entornos bélicos, con base en una metodología comparativa que incluyó seis estudios de caso históricos, de los cuales tres han comprometido a las fuerzas militares de Estados Unidos, siendo estos Corea del Sur, Vietnam e Irak; y otros tres que provienen de los procesos de descolonización en donde los Estados comprometidos han buscado rutas de estabilización, y en los cuales, en ocasiones, los militares han tenido un papel destacado en los procesos

---

151 Publicado por Ediciones Nobel, en 1999, en Madrid.

152 Publicado por Editorial Anthropos, en 2019, en Barcelona.

153 Publicado por Alianza Editorial, en Madrid, en 1999.

de construcción de las naciones, como los casos de estudio de Ghana, Mali y Nigeria[154].

El origen de la guerra actual en Ucrania, al igual que lo sucedido durante el año 2014, o la guerra en Georgia, o las amenazas a Moldavia como Estado independiente, o el prácticamente imposible camino a la independencia estatal plena entre los Estados del valle de Ferganá, se encuentran en la implosión soviética. Un imperio multinacional, construido sobre la base de la acción coercitiva, de prohibitiva pluralidad política, toda vez que el monopolio del Partido Comunista impedía cualquier acción de disenso o de oposición, por mínima que fuese. Robert Service, uno de los historiadores que mejor conoció y documentó la historia de Rusia y de la URSS en el siglo XX[155], escribió un texto explicativo titulado *Rusia, experimento con un pueblo*[156], publicado en inglés en 2002, en el que esbozaba las primeras explicaciones más urgentes para entender qué había ocasionado la implosión soviética, las consecuencias de su desmembramiento territorial junto con el surgimiento de más de una decena de Estados nuevos, o la reaparición de antiguos Estados, ya hubiesen sido conquistados por el imperio zarista o por la Unión Soviética. Una de las preguntas que Service intenta responderse en uno de los apartados del primer capítulo es quiénes eran los rusos durante la década de 1990, luego de la implosión soviética, seguida de una explicación sustentada

---

154 *Building Armies, Building Nations. Toward a new approach to security force assistance.* Rand Corporation, 2017.

155 Service, Robert. 2000. *Historia de Rusia en el siglo XX.* Editorial Crítica, Barcelona.

156 Publicado en español por Editorial Siglo XXI, en 2005, en Madrid.

por investigaciones sobre las reformas que habían partido de las políticas de Gorbachov y llegaban al proyecto de crear una nueva Rusia surgida de las ruinas de la URSS, de la mano de la dirección política de Boris Yeltsin. Sin embargo, el libro de Service no dio mayor importancia al espacio postsoviético, ni al conjunto de problemas que venían con el surgimiento de nuevos Estados, nuevos discursos identitarios y la búsqueda de nuevas relaciones internacionales en el marco de una soberanía supuesta como dada por la independencia y la desaparición de la URSS. Incluso ciertas explicaciones, entre las que entra la de Service, parecen no valorar suficientemente el problema que dentro de la antigua URSS constituían las nacionalidades, e incluso las religiones, para dejar el grueso de la explicación apostada a la crisis económica y los nexos con la estabilidad política, asunto que de por sí es estructural, pero que puede estallar frente a problemas como los de las diferencias nacionales, las identidades políticas y la religión, algo que ya intuía Tilly en su texto escrito antes de la implosión soviética.

Un libro interesante que evalúa el período de la Guerra Fría desde la perspectiva soviética, y que permite trazar algunas líneas que llevan hasta la implosión de 1991, es el de Vladislav M. Zubok, titulado *Un imperio fallido. La Unión Soviética durante la Guerra Fría*[157], y que tiene un punto de vista peculiar: trata a la URSS como un imperio, dejando abierta la puerta al hecho de que la implosión soviética está más conectada con la implosión de los imperios europeos de 1918, al final de la Primera Guerra Mundial. En esta misma línea va el trabajo de investigación

---

157  Publicado por Editorial Crítica en 2008, en Barcelona.

del historiador ucraniano Serhii Plokhy, titulado *El último imperio. Los días finales de la Unión Soviética*[158], en el que examina en detalle los acontecimientos de la segunda mitad del año 1991 que terminaron con la desaparición del imperio terrestre más grande del siglo XX. Pero recientemente ha aparecido un libro igualmente sustentado en una rigurosa documentación construida con diversas fuentes, de archivos históricos claves y contrastado con declaraciones y demás elementos de información e investigación. Es el trabajo de Karl Schlögel titulado *El siglo soviético. Arqueología de un mundo perdido*[159], en el que sostiene que la implosión soviética no fue solo la desaparición de un Estado revolucionario conformado en 1922, sino el hundimiento de una civilización que sigue teniendo repercusiones territoriales, políticas, culturales, sociales, e internacionales. Este hundimiento de una civilización, esta pérdida es la de un mundo que por muchas razones no es posible reacomodar, reflotar, hacer surgir de nuevo, y, en consecuencia, deja en la ilusión de la especulación geopolítica la queja famosa de Putin en la que decía que la implosión soviética era la mayor catástrofe geopolítica del siglo XX, y junto con esa ilusión deja como una acción imposible la reconstrucción del Imperio ruso, a no ser que sea una a sangre y fuego, ejerciendo la característica clásica de construcción del Imperio ruso: la coerción militar directa, dirigida desde la autocracia.

Masha Gessen ha rescatado los estudios sociológicos de Yuri Levada, quien logró construir el concepto de "homo

---

158  Publicado por Editorial Turner en 2015, en Madrid.

159  Publicado por Galaxia Gutenberg en 2021, en Barcelona.

sovieticus"[160], luego de más de dos décadas de análisis teóricos y del despliegue de estudios empíricos durante el período de la Perestroika. La noción de Levada es que la URSS impactó el carácter de sus ciudadanos llevándolos a construir estrategias para sobrevivir ante la permanente actividad de represión que ejercían el Estado soviético y el conjunto de sus instituciones contra sus propios ciudadanos. El *homo sovieticus*, en consecuencia, se constituía en público y en privado con base en antinomias ante la vida y, por más contradictorias que se presentaran , las asumía igual. Lo más impactante del trabajo de Levada, es que él mismo, que ha alcanzado a vivir una parte importante del período de gobierno de Vladímir Putin, parece haber constatado que el *homo sovieticus* se ha mantenido en pie después de la implosión soviética de 1991, toda vez que el conjunto de las instituciones se mantuvieron, junto con la mayoría de las élites políticas, académicas, culturales y científicas, y el sentido de patriotismo heredado de la era soviética.

Existe una comparación posible para entender de qué se trata esta desaparición del mundo soviético, basada en la que en su momento propuso Tomás Pérez Vejo, para entender lo ocurrido en América Latina con las independencias posteriores a la implosión de la monarquía católica, dejando claro que en la América hispana dichas independencias se consolidaron luego de la culminación de una serie de guerras surgidas de la implosión de la Corona y, por tanto, las explicaciones surgidas desde la perspectiva de las llamadas revoluciones atlánticas de finales del

160  Gessen cita en diversas partes de su libro de 2018 a Levada y la evolución de su trabajo sobre el *homo sovieticus*.

siglos XVIII y principios del XIX, o de las guerras de liberación nacional de mediados del siglo XX, son inadecuadas. Pérez Vejo sostiene que lo ocurrido en América Latina tiene "mucho más que ver con la desaparición de sistemas imperiales fracasados como el Imperio turco, el Imperio austrohúngaro o, más recientemente la Unión Soviética. Fracasados en la medida en que no lograron resistir la feroz competencia de otros sistemas políticos frente a los que representaban una forma alternativa de organización económica, social, política o cultural"[161].

Pérez Vejo amplía su explicación con respecto a la comparabilidad que se permite entre estos imperios, sobre la base de que además en sí mismos representaban civilizaciones, afirmando que "El Imperio turco no fue un Estado más en el concierto de las monarquías europeas sino una alternativa de civilización, no solo por diferencias religiosas sino por que representaba una forma diferente de concebir el mundo social, desde las relaciones del poder político con la sociedad, hasta el funcionamiento de las relaciones económicas". Sobre el Imperio austrohúngaro afirma que "representó la última estructura política contemporánea fundada en la fidelidad al monarca y no en la identidad nacional, una forma alternativa global de legitimación del poder y de organización política a la establecida en Occidente por las revoluciones de finales del siglo XVIII y principios del XIX. Fue desmembrado en nombre de un principio, el de nacionalidad, completamente ajeno a los que habían sido sus fundamentos ideológicos.

---

161  Pérez Vejo, Tomás. 2010. *Elegía criolla. Una reinterpretación de las guerras de independencia.* Editorial Tusquets, Barcelona. Páginas 82-83.

Un ejemplo brutal, otro más, de imposición de formas de organización política por la fuerza de las armas. No hay, sin embargo, nada que permita afirmar la inferioridad de la estructura política austrohúngara frente a alternativas de tipo nacional. El crecimiento económico de las últimas décadas de su existencia es comparable, si no superior, al de los principales Estados-nación de la época; el respeto a los derechos de las minorías étnicas fue, de manera general, muy superior al que se daría posteriormente en los nuevos Estados-nación construidos en sus ruinas; y por lo que se refiere al desarrollo cultural y científico, la Viena de entre siglos soporta bastante bien la comparación, no importa con cuál de las grandes metrópolis del momento, y solo es necesario citar algunos nombres, Sigmund Freud, Otto Bauer, Gustav Klimt, Adolf Loos".

Y finalmente, en una dirección inesperada para Pérez Vejo, pues el trabajo de Schlögel sobre el Imperio soviético no solo es muy posterior al suyo sobre los procesos de independencia hispánicos, sino que no se cruzan en las referencias o los contenidos, sí coinciden en el fondo: la URSS representó una alternativa en términos de civilización, y la implosión fue la marca de su desaparición. La consideración de Pérez Vejo es que "La Unión Soviética, por su parte, representó una alternativa global a la sociedad capitalista-liberal nacida de las revoluciones burguesas. Un mundo basado en la dictadura del proletariado, la ausencia de partidos políticos y la planificación económica estatal. Una especie de retrato negativo de Occidente sobre cuya voluntad de ofrecerse como alternativa civilizatoria, el hombre nuevo de la propaganda estalinista, no creo que quepan demasiadas dudas"[162].

Pero lo más importante a destacar en este contexto, en el del paralelismo entre la implosión de la Corona de la monarquía católica a partir del derrocamiento que Napoleón Bonaparte hace de los Borbón como la casa reinante en Madrid, y la implosión soviética, es que en ambos casos surgen países que se consolidan como Estados, y como naciones, en la medida en que inician recorridos históricos como Estados independientes; y en la medida en que ello es así, las guerras reafirman las diferencias, por más recientes que fueran sus fracturas, más que la defensa de las constantes históricas, prácticamente referidas todas a la permanencia de estructuras imperiales ya desaparecidas, y casi de imposible recomposición.

En este contexto, resultaron infructuosos los procesos de reconquistas en las Américas que realizó la monarquía católica una vez desaparecido el imperio, y las fronteras empezaron a marcar la emergencia de Estados que exigían el reconocimiento a su soberanía. En el caso soviético pasa algo semejante: una vez desaparecida la estructura imperial que sostenía a la URSS, fundada en 1922, surgieron Estados que empezaron a construir sociedades, instituciones, sistemas económicos, en medio de unas sociedades que de alguna forma se sentían salidas de una identidad estrecha, la soviética, que ya no las definía y emprendieron caminos para la construcción de una nueva cohesión social, y con ella de una identidad política. De manera similar a las guerras posteriores a la caída de la Corona de la monarquía

162　Pérez Vejo, 2010, página 84.

153

católica, o las guerras balcánicas en diferentes períodos posteriores a la implosión del Imperio otomano, o al largo recorrido
que incluyó una guerra mundial posterior a la disolución del
Imperio austrohúngaro, las guerras en el espacio postsoviético
han marcado las opciones y las realidades de la independencia
real de estos Estados, como lo han sido las guerras en Chechenia
y Georgia, la intervención en Crimea y el oriente de Ucrania en
2014, y como lo es la guerra de invasión en Ucrania.

Este debate sobre la construcción de la nación, en este
contexto a la vez académico y a la vez de carácter político,
resulta relevante para entender las dimensiones de la guerra de
Rusia contra Ucrania, por cuatro motivos básicos:

Primero, Putin ha dicho, en diferentes intervenciones, apoyado por el entorno intelectual que lo acompaña, que no existe
una nación ucraniana aparte de la rusa que, dicho en otros
términos, la cultura y la identidad ucraniana son una creación
rusa y, por tanto, no existe una posible diferenciación. En el
discurso del 21 de febrero lo expresó con las siguientes palabras:
"Permítanme enfatizar una vez más que Ucrania para nosotros
no es solo un país vecino. Es una parte integral de nuestra
propia historia, cultura, espacio espiritual".

Segundo, la acción de guerra de Rusia contra Ucrania,
además de ser un crimen de agresión en el derecho internacional contemporáneo, se ha constituido en una guerra por la
independencia, la diferenciación y la cohesión de una nación
ucraniana. Es decir, si bien antes de la independencia es posible
que existieran dudas sobre si una sociedad tan plural, surgida
de la URSS, tuviese una identidad nacional claramente definida,

abarcando los diversos relatos y mecanismos de identidad que van desde las regiones occidentales representadas por la ciudad de Leópolis, hasta las regiones orientales del Dombás y la península de Crimea, y en donde lo común culturalmente había sido la experiencia de haber vivido bajo el gobierno coercitivo, en sentido amplio, de la Unión Soviética y hablar ruso como lengua básica, incluso materna para todos aquellos nacidos después de 1922, después de la guerra no quedarán dudas de que allí se consolidará una identidad nacional ucraniana. El efecto de la guerra será crear vínculos identitarios, de cohesión social y de legitimidad del Estado ucraniano que necesariamente llevarán a su modernización, sin que implique descartar un posible fracaso político en la posguerra, pero que en últimas fortalecerá la idea de que sí existe una identidad nacional. Y a mayor brutalidad en la guerra, mayor necesidad de diferenciación identitaria, política y simbólica con respecto al agresor. La resistencia mostrada por los ciudadanos no militares contra las tropas rusas en ciudades y lugares ocupados como Jersón, en el oriente del país, utilizando los símbolos nacionales, debe llamar la atención de que la guerra, un acontecimiento terriblemente trágico, tiene el efecto de dar lugar al fortalecimiento de la identidad nacional, e incluso al surgimiento de la misma en las regiones en donde esta estuviese en duda.

Tercero, la guerra en Ucrania plantea un necesario y fuerte contraste con la situación en Bielorrusia, en donde la autocracia que gobierna el país ha seguido la ruta de la mímesis con la identidad política rusa, y por tanto, tiene el papel de la complementariedad política, institucional e incluso militar, de forma tal que para los gobernantes rusos y bielorrusos, la participación en la guerra contra Ucrania es una acción sin mayores implicaciones internacionales, aunque para el resto del mundo es una internacionalización evidente de la guerra, pues al permitir que Rusia usara su territorio para enviar columnas de ataque contra Ucrania, se convirtió en parte beligerante en la guerra, lo que además explica por qué era de una obviedad mínima que los intentos de negociar un acuerdo de poscon-flicto en suelo bielorruso estaban necesariamente condenados al fracaso. La inevitable comparación de la experiencia paralela entre Bielorrusia, anexada de facto a Rusia, y de Ucrania, en plena guerra de independencia, es obligatoria, toda vez que estos tres Estados fueron los firmantes del Pacto de Belovezha de comienzos de diciembre de 1991 que dio al traste con el Imperio soviético, y a la vez eran parte fundamental de la base del imperio zarista ruso[163].

Cuarto, si con la guerra contra Ucrania el Kremlin, presi-dido Putin, un político salido de las entrañas de la guerra y el espionaje, pretendía borrar la identidad nacional ucraniana, ya sea esta entendida como el resultado de una larga trayectoria histórica, o como el resultado de una identidad de reciente cuño producto de un imperio que intentó a la vez ser una civilización, lo que en realidad está haciendo es darle forma y

---

163 Un artículo publicado en *Open Democracy*, en 2012, firmado por Yegor Vasylev, titu-lado "Ukraine and Belarus: The dawn of change?", inicia una rutas básicas de com-paración de procesos políticos que en principios parecen similares, pero que tienen resultados muy diferenciados. Otro artículo, de unos años antes, pero que cumple con el rigor académico necesario, es el de Stephen R. Burant, titulado "Foreign Po-licy and National Identity: A comparison of Ukraine and Belarus", publicado en la revista *Europe-Asia Studies*, Vol. 47, No. 7 (nov. 1995), pp. 1125-1144.

credibilidad a una nación que se resiste a los coletazos de un imperio desaparecido.

## ZELENSKI Y UCRANIA ANTE EL MUNDO

Un aspecto que se ha revelado como clave de la guerra en Ucrania, desde el comienzo de la misma, es la estabilidad internacional. Esto incluye a todas las grandes potencias, pero principalmente a todos los Estados europeos, los más y los menos fuertes, y en donde la unidad europea se ha visto afectada en la medida en que cada Estado haya definido una postura de condenar la invasión a Ucrania o haya justificado implícitamente la posición de Rusia. Sin embargo, en esta sección me detendré en un aspecto crucial: Volodímir Zelenski ha tomado una posición de líder europeo, con alcance mundial, en un momento crucial para su país, en el que Ucrania se debate incluso en el extremo de saber si seguirá existiendo.

Las intervenciones internacionales de Zelenski, en los órganos legislativos de otros países, que adicionalmente son Estados y sociedades demócratas, tienen el objetivo de asegurar el reconocimiento internacional para Ucrania como Estado, y para su gobierno como legítimo y único aceptable en el marco de la guerra. La búsqueda del reconocimiento es la base de cualquier sistema internacional, y mucho más en el contemporáneo, haciendo que de antemano exista una oposición a cualquier reclamo del resultado que Rusia busque imponer a través de las armas y el papel de la guerra, y dejando en entredicho la legitimidad de un gobierno que sustituya el surgido de las elecciones presidenciales de 2019.

El primer órgano legislativo en el que Zelenski intervino fue el Parlamento europeo, a través de una videoconferencia, el día 1 de marzo, vestido con ropas militares. En su discurso expuso tres posiciones básicas: primera, la guerra en Ucrania es una en la que están en peligro no solo la libertad y la existencia misma de su país, sino también las de Europa frente a un enemigo que ve al territorio ucraniano como un primer paso hacia su expansión. Segunda, Ucrania necesita de Europa y se ve como parte de la Unión Europea, recogiendo aquí las posiciones presentadas públicamente por Ursula von der Leyen, en el sentido de que Ucrania y los ucranianos son parte de Europa y se les quiere en la Unión Europea. Y tercera, solicitó que la petición de ingreso a la Unión Europea, firmada por él mismo el día 28 de febrero, fuera considerada y tramitada lo más pronto posible. El discurso mismo estuvo estructurado, además, con referencias a los muertos que los ataques rusos habían ocasionado hasta ese momento, dejando claro que iban más allá de atacar estructuras militares o de gobierno, para incluir de forma evidente áreas civiles de residencia, comercio y servicios de emergencia y ayuda. Fueron muy importantes, desde el punto de vista de la construcción de la nación, los vivas y las glorias expresados por Zelenski a Ucrania, a los soldados y a los ciudadanos de su país. En este sentido la frase clave del discurso de Zelenski, y que tuvo más efecto en la opinión pública, fue: "estamos peleando la libertad que ustedes tienen".

El efecto del discurso de Zelenski en el Parlamento europeo fue inmediato y excepcional, toda vez que las fuerzas de prácticamente todas las tendencias políticas, por abrumadora mayoría, respaldaron las resoluciones de apoyo a Ucrania, a su defensa, y, por tanto, de reconocimiento a su gobierno legítimo: 637 votos a favor de la resolución, 13 en contra, y 36 abstenciones[164]. Es necesario indicar que Polonia, Estonia, Lituania y Letonia han sido de los países más activos en el reconocimiento de la situación y en impulsar todo tipo de ayudas a Ucrania, desde las militares con el envío de armas, hasta la amplia recepción de los refugiados que se han generado por los efectos de la guerra.

El día 8 de marzo Zelenski se dirigió al Parlamento británico, reunido en sesión extraordinaria de la Cámara de los Comunes y la de los Lores, luego de trece días de guerra, de nuevo vistiendo atuendo militar, como un miembro más de la nación en armas que defiende a su país de la invasión de un enemigo imperial, y hablando en ucraniano, lo que resaltó al inicio de su intervención diciendo que su país se defendía como lo hicieron los británicos de los ataques de la Alemania nazi, destacando que Ucrania está en una guerra que no provocaron, que no querían. Más adelante en su intervención, citando una muy conocida frase de Winston Churchill, en un discurso también en el Parlamento frente a la entrada del Reino Unido en la Segunda Guerra Mundial, Zelenski afirmó que "No nos rendiremos y no perderemos. Lucharemos hasta el final, en el mar, en el aire. Seguiremos luchando por nuestra tierra, cueste

---

164 Gómez, Manuel V. y Miguel, Bernardo de. "Zelenski logra el apoyo del Parlamento Europeo para el ingreso de Ucrania en la UE". En: *El País*, 1 de marzo de 2022.

lo que cueste, en los bosques, en los campos, en las costas, en las calles"[165]. El efecto de esta intervención en el Parlamento británico ha sido el de obtener un apoyo unánime, tanto de los parlamentarios, como de la opinión pública inglesa para la causa ucraniana, que ha afirmado con hechos claros el primer ministro Boris Johnson, toda vez que el apoyo inglés con armas e inteligencia, más la ayuda económica y humanitaria han sido notorios. De hecho, Boris Johnson visitó a Zelenski por sorpresa el 9 de abril, desafiando a las fuerzas rusas, llegando hasta Kiev en tren. La visita incluyó una corta caminata por las afueras de las zonas en las que habita el presidente ucraniano y, en ella, Johnson renovó las promesas de más ayudas económicas y más envíos de armas[166].

Adicionalmente, un día antes de la llegada de Johnson a Kiev, Zelenski fue visitado por Ursula von der Leyen y Josep Borrell, en nombre de la Unión Europea, lo que ha dado un reconocimiento pleno del gobierno que preside Zelenski y de Ucrania como Estado soberano, en la dirección opuesta de aquello a lo que se opone Putin con la guerra[167].

En el contexto de estas intervenciones, Zelenski fue esbozando una de las principales ayudas que ha solicitado: que la

165 Official website president of Ukraine Volodymyr Zelensky. (08 de marzo de 2022). "Address by the President of Ukraine to the Parliament of the United Kingdom". Obtenido de https://www.president.gov.ua/en/news/zvernennya-prezidenta-ukrayini-volodimira-zelenskogo-do-parl-73441

166 "Boris Johnson se reúne con Zelenski en visita por sorpresa a Ucrania". En: *Deutsche Welle*, 9 de abril de 2022.

167 Pita, Antonio. "Von der Leyen promete en Kiev a Zelenski acelerar el proceso de adhesión a la Unión Europea y más dinero para armas". En: *El País*, 8 de abril de 2022.

OTAN imponga una zona de exclusión aérea sobre Ucrania, con el objetivo de impedir que las tropas rusas puedan seguir usando sus fuerzas aéreas para bombardear las ciudades y los territorios de su país.

El día 15 de marzo Zelenski se dirigió al Congreso de los Estados Unidos, reunido en una sesión conjunta de Cámara de Representantes y Senado, y presentó un discurso en el que comenzó diciendo

> Gloria a los héroes. Muchas gracias. Señora presidenta, miembros del Congreso, damas y caballeros, estadounidenses, amigos, me enorgullece saludarlos desde Ucrania, desde nuestra ciudad capital, Kiev, una ciudad que está bajo los misiles y los ataques aéreos de las tropas rusas todos los días. Pero no se da por vencida, y no lo hemos pensado ni un segundo, al igual que muchas otras ciudades y comunidades de nuestro hermoso país, que se han visto envueltas en la peor guerra desde la Segunda Guerra Mundial[168].

Más adelante hizo referencias a los ataques sufridos por Estados Unidos en 1941 por parte de los japoneses, en la base de Pearl Harbor y, en el desarrollo de su discurso, también recordó la tragedia de los ataques del 11 de septiembre de 2001. La invocación de estos hechos, que algunos comentaristas norteamericanos han denominado parte de los traumas del país, sirvió de contexto para una parte de la intervención del

---

168 CNN politics. (16 de marzo de 2022). READ: Ukrainian President Volodymyr Zelensky's address to Congress. CNN. Obtenido de https://edition.cnn.com/2022/03/16/politics/ukraine-zelensky-congress-address-transcript/index.html

presidente de Ucrania, que es una declaración política clave en el contexto de la guerra:

> Al igual que cualquier otra persona en los Estados Unidos, recuerdo su monumento nacional en Rushmore, los rostros de sus presidentes destacados, aquellos que sentaron las bases de los Estados Unidos de América tal como son hoy: democracia, independencia, libertad y cuidado de todos, para toda persona, para todo aquel que trabaja diligentemente, que vive honestamente, que respeta la ley. Nosotros en Ucrania queremos lo mismo para nuestra gente, todo lo que es parte normal de su propia vida[169].

Esta parte del discurso es clave porque muestra la decisión de los ucranianos de mantenerse como una democracia ante una autocracia agresiva e imperialista, implicando además a los Estados Unidos en el imperativo moral de defender a una democracia ilegal y brutalmente atacada por Rusia. En su intervención ante los congresistas de nuevo solicitó la creación de una zona de exclusión aérea, además de pedir más ayuda para su país. El efecto final fue obtener reconocimiento a la legitimidad de Ucrania como Estado y a su gobierno como uno democrático.

Los elementos simbólicos también estuvieron presentes: Zelenski vestía prendas militares, habló en ucraniano y de nuevo expresó vivas y glorias a Ucrania, a los soldados y a los ciudadanos. Adicionalmente fue recibido por la presidenta

169 Ibidem.

del Congreso, la demócrata Nancy Pelosi, con un "Gloria a Ucrania"[170].

Luego de este discurso ante los legisladores de Estados Unidos, han venido otros ante el Parlamento alemán, el de Israel, el de Italia, el de Canadá, el de Australia y, mientras que la guerra continúe, como sucede al tiempo que este texto se escribe, y el presidente de Ucrania siga contando con los medios para hacerlo, mantendrá este tipo intervenciones.

Paralelo a estas apariciones internacionales, también se han presentado desafíos intrépidos a la guerra por parte de algunos gobernantes europeos, como los primeros ministros de Polonia, República Checa y de Eslovenia, quienes provienen de tres Estados que han conocido de primera mano la forma de actuar del Imperio soviético y/o ruso en diferentes momentos de su historia. Estos tres primeros ministros al visitar a Zelenski han reforzado las condiciones del reconocimiento internacional a Ucrania y al gobierno presidido por este, que fue democráticamente elegido en 2019, y al mismo tiempo han desafiado de una forma impensable a las fuerzas militares rusas, que podrían haberles atacado, si bien todo el trayecto se hizo de forma secreta y solo se reveló una vez fue ejecutado[171]. En el caso de Polonia el compromiso con Ucrania es muy fuerte por diferentes razones, entre las que se encuentra que una parte de los ucranianos son de origen polaco, que comparten una frontera importante y muchos intercambios económicos, pero,

170  Edmondson, Catie. "Annotated Transcript: Zelensky's speech to Congress". *The New York Times*, marzo 16 de 2022.

171  Pita, Antonio y Miguel, Bernardo de. "Tres líderes de la UE desafían el cerco de Kiev para dar su apoyo a Zelenski". *El País*, 15 de marzo de 2022.

principalmente, porque para Polonia, Rusia es una amenaza real contra la que se viene preparando desde hace más de una década, al reconocer después de la guerra en Georgia, en 2008, una seria voluntad bélica en el comportamiento de Moscú para recuperar el imperio y rehacer las esferas de influencia. Estos temores y prevenciones de Polonia han tenido momentos de confirmación durante la actual guerra en Ucrania, como cuando las fuerzas militares han ejecutado ataques en la ciudad de Leópolis[172], que es la más grande cerca de su frontera, y en áreas cerca de la frontera polaca[173].

El día 12 de abril, el presidente Zelenski recibió la visita de los presidentes de Polonia, Letonia, Estonia y Lituania, quienes dieron su respaldo a Ucrania, y se comprometieron con el envío de más armas. Al mismo tiempo el Gobierno de Kiev rechazó recibir la visita del presidente de Alemania, Frank-Walter Steinmeier, toda vez que este mantuvo estrechas relaciones con el gobierno de Putin, lo que en la perspectiva de Kiev lo convierte en una relación personal inaceptable en medio de la guerra, situación acrecentada por el mantenimiento del consumo alemán del gas, el petróleo y el carbón que vende Rusia. Esta posición ha sido calificada de incoherente, no solo por los ucranianos, sino también por otros gobiernos europeos.

172  "Five wounded after explosions hit western city of Lviv". *BBC News*, 26 de marzo de 2022.

173  Pita, Antonio. "Polonia se instala en el miedo después del ataque a una base ucraniana a 25 kilómetros de su frontera". En: *El País*, 14 de marzo de 2022.

# CAPÍTULO 4

# EL CONTEXTO INTERNACIONAL

## ESTADOS UNIDOS, LA UNIÓN EUROPEA Y LA OTAN

El principal fracaso de Ucrania dentro del sistema internacional con el que se constituyó como Estado provino de los acontecimientos ocurridos durante el año 2014, cuando Rusia realizó las operaciones militares más arriesgadas que hasta ese momento había ejecutado de cara a las influencias y límites de la OTAN, la Unión Europea y los Estados Unidos. El fracaso consistió en que Ucrania esperaba el respeto al Memorándum de Budapest, que obligaba a los firmantes a acatar la integridad territorial de Ucrania, además de actuar en forma tal que se garantizara, en todo momento, la seguridad de la misma frente a terceros que actuaran como agresores[174]. Kiev confiaba casi que ciegamente en el orden internacional en el que surgía como Estado-nación independiente y soberano, y que en consecuencia el sistema internacional estaría presto a respetar sus condiciones

---

174 Budjeryn, Mariana. "The Breach: Ukraine's territorial integrity and the Budapest Memorandum". Wilson Center, documento del Nuclear Proliferation International History Project. Issue Brief # 3. Sin fecha.

de seguridad internacional, de integridad territorial y, sobre todo, a evitar que pudiera desaparecer como Estado, y en consecuencia entregaba las armas nucleares que tenía en su poder, ingresaba al Tratado de No Proliferación, y se decantaba por la democracia como sistema político, dotándose además de una Constitución moderna al estilo de los países occidentales, garantizando la libertad individual, la libertad de opinión y de prensa, y la libertad de asociación.

Los ciudadanos ucranianos rápidamente descubrieron qué significaban estos derechos, nuevos para ellos, que el naciente Estado les otorgaba, a medida que emprendían la movilidad hacia los países occidentales, tanto para conocerlos, visitarlos, descubrirlos en última instancia, como incluso para emprender nuevas vidas, como hicieron muchos ucranianos que se dispersaron por diversos países de Occidente, asentándose en ellos, a veces de forma paralela a las oleadas de rumanos, albaneses y húngaros que llegaron a España, Reino Unido, Francia, Alemania o Italia. La principal puerta de salida al mundo para Ucrania fue Polonia, que en muchos sentidos se fue convirtiendo en un colega de viaje para los ucranianos, y con el cual compartía estructura económica e ingresos más o menos similares, pero con el paso de las últimas tres décadas, sobre todo desde que Polonia ingresó en la Unión Europea, se hizo evidente que el antiguo colega de viaje fue despegando a un desarrollo sostenido que dejaba atrás los años de penuria y escasez a los que su población se vio sometida por las formas de desarrollo de la economía comunista impuesta durante el período soviético. Por esta vía se fue convirtiendo en un ideal para los ucranianos de a pie, aunque más tarde también lo fue para los políticos, el ingreso a la Unión Europea, sobre todo teniendo claro que Ucrania podía aportar un nivel de desarrollo industrial importante, con un sector energético que combinaba diversas fuentes incluyendo las nucleares, junto con un fuerte sector agrícola, cuyas exportaciones alcanzan diferentes regiones del mundo.

En este contexto, el Memorándum de Budapest adquirió una relevancia específica, convirtiendo a Ucrania en parte destacada del orden internacional contemporáneo en su era de postguerra fría, cuya promoción para su negociación corrió a cargo del Departamento de Estado de los Estados Unidos, en los gobiernos de George W. Bush y de Bill Clinton, pues preveía que en la búsqueda de evitar la proliferación de Estados nucleares con las armas heredadas de la Unión Soviética, Ucrania entregara las más de 1900 cabezas de misiles con dispositivos nucleares que se encontraban en su territorio, junto con el desmonte y destrucción de los silos de almacenamiento y los dispositivos de uso de los mismos, que incluían los mecanismos de disparo de los misiles de alcance estratégico. Aquí es importante resaltar que el presidente Clinton asumió una responsabilidad pública y visible en el establecimiento de relaciones directas con Ucrania, un Estado completamente nuevo en ese momento, tal y como lo testimonia un artículo de *The New York Times* de la época, en un texto escrito por Steven Greenhouse[175]. El periodista relata cómo el presidente Clinton instaba a establecer

175 Greenhouse, Steven. "Clinton vows to improve relations with Ukraine". En: *The New York Times*, 5 de marzo de 1994.

una relación directa con el gobierno de Leonid Kravchuk, a la vez que anunciaba que Washington podía aumentar la ayuda de asistencia económica y para el desarrollo de Ucrania, hasta llegar a los setecientos millones de dólares de la época, para ese mismo año. Al parecer, para Clinton era clave este acercamiento para lograr que Ucrania aceptara negociaciones diplomáticas con asistencia para el desarrollo, con el objetivo de desmontar los ciento setenta y seis misiles de larga distancia que se encontraban instalados en su territorio, y las más de mil ochocientas cabezas de misiles con dispositivos nucleares que estaban en el territorio gobernado por Kiev, según las cuentas que el periódico presentaba en ese momento.

Las iniciativas de acercamiento, el establecimiento de relaciones diplomáticas amplias y fluidas, y de una negociación sobre desnuclearización propuestas por el presidente Clinton fueron rápidamente respondidas por el Parlamento ucraniano, inclinándose a aceptar los términos de la desnuclearización, a la vez que buscaban garantías de seguridad, estabilidad y el mantenimiento de la soberanía de la república junto con la innegociable integridad territorial, tal y como se relataba en un texto de la edición de *The New York Times* de 1994, titulado "Ukrainian Parliament edges closer to atomic disarmament". Negociaciones similares para lograr la desnuclearización se emprendieron con los otros dos herederos de armas nucleares soviéticas, en 1991, siendo ellos Bielorrusia y Kazajistán, dando por descontado que el nuevo Estado ruso asumiría una posición responsable sobre dichas armas, en negociaciones directas entre los gobiernos de Clinton y de Boris Yeltsin, en Rusia.

Las negociaciones con Ucrania fueron quizá un poco más complejas porque el nuevo Estado gobernado desde Kiev, como destacan diversas fuentes, y como recoge Steven Pifer en un documento titulado "The trilateral process: The United States, Ukraine, Russia and Nuclear Weapons"[176], quería asegurarse cuatro puntos básicos:

Primero: la entrega de las armas nucleares sería aceptable si había garantías reales y creíbles, probables si se quiere, sobre que Ucrania tendría confirmadas la seguridad, la integridad territorial y el respeto a la soberanía que había adquirido como Estado independiente.

Segundo: las cabezas nucleares tenían un valor comercial alto, toda vez que estaban fabricadas con uranio altamente enriquecido, siendo además factible que dicho valor aumentara en el mercado internacional si este uranio era degradado para ser comercializado en el mercado internacional como combustible para diferentes reactores nucleares. Ucrania planteaba la necesidad de recibir el valor económico que representaba este uranio, con el fin de que el monto proyectado en términos monetarios le fuese pagado como un ingreso económico real.

Tercero: desmontar los silos, los sistemas de almacenamiento y disparo, junto con el mantenimiento y conservación de los misiles balísticos intercontinentales, era una tarea costosa que la contraída economía ucraniana no podía sufragar. Kiev buscó que en el acuerdo este costo fuera asumido por alguna

---

176  Pifer, Steven. 2011. "The Trilateral Process: The United States, Ukraine, Russia and nuclear weapons". En: *Brookings. Arms control series*, paper 6, may 2011.

de las partes interesadas en el desmonte de dichas capacidades armamentísticas.

Cuarto: Kiev exigió saber con precisión los términos de los procedimientos que serían necesarios para desmontar las cabezas nucleares estratégicas. Esto significaba responder con exactitud dónde, cuándo y cómo, lo que implicaba saber con claridad adicionalmente qué personal llevaría a cabo el procedimiento, de qué país, qué tipo de información secreta sería transable y qué información podría negociarse o usarse para la seguridad nacional.

Estos cuatro puntos se convirtieron en un verdadero escenario de tensiones sobre las negociaciones, en las cuales el Parlamento ucraniano se negó en diversas ocasiones a dar la aprobación final, entre otras razones porque para diferentes grupos de políticos presentes en el Parlamento, conocido como la Rada, no había muchas razones para confiar en el nuevo Estado ruso, que seguía siendo gobernado por muchas de las élites de la antigua Unión Soviética, y acababa de sobrevivir al golpe de Estado que el Partido Comunista y diferentes funcionarios y miembros de las fuerzas armadas, que eran básicamente los restos del antiguo ejército soviético, habían ejecutado contra el presidente Yeltsin en septiembre de 1993. Pero a la vez también estaban presentes sectores dentro de la Rada que no creían en las capacidades serias que pudieran tener los Estados Unidos para garantizar la seguridad de Ucrania. Finalmente, luego de fuertes presiones del presidente Leonid Kuchma, la Rada dio su aprobación al acuerdo de Budapest, en el cual el punto central real eran las garantías de seguridad, con todas sus ramificaciones, y que constituiría el núcleo de la confianza del Estado ucraniano y de sus ciudadanos en el sistema internacional y, específicamente, en las democracias occidentales[177].

Al tiempo que Ucrania se involucraba en el panorama que le ofrecían las negociaciones impulsadas y encabezadas por Estados Unidos, lidiaba con las presiones que recibía de Moscú para ser un miembro activo de la recién creada Comunidad de Estados Independientes que, a todas luces, constituía un sistema de control ideado por Rusia con el fin de evitar que aquellos Estados que se habían independizado al momento del colapso soviético tomaran rumbos que pusieran en aprietos la consolidación de la esfera de influencia de Moscú en el espacio postsoviético. Zbigniew Brzezinski planteó la encrucijada de Ucrania en los siguientes términos: "Para Ucrania, las cuestiones principales son el carácter futuro de la CEI [Comunidad de Estados Independientes] y tener acceso más libre a las fuentes energéticas, lo que permitiría disminuir el grado de dependencia ucraniana de Rusia. En ese sentido, para Kiev es importante mantener unas relaciones más estrechas con Azerbaiyán, Turkmenistán y Uzbekistán, y el apoyo ucraniano a los Estados con mentalidad más independiente constituye una extensión de los esfuerzos de Ucrania para acentuar su propia independencia con respecto a Moscú. Por consiguiente, Ucrania ha dado apoyo a los esfuerzos de Georgia para convertirse en la ruta occidental de las exportaciones de petróleo azeríes. Ucrania también ha colaborado con Turquía para debilitar la influencia rusa en el

---

177 Yost, David S. 2015. "The Budapest Memorandum and Russia's intervention in Ukraine". En: *International Affairs* (Royal Institute of International Affairs), Vol. 91 No. 3 (may 2015), pp. 505-538.

mar Negro y ha respaldado los esfuerzos turcos para dirigir los flujos petrolíferos desde Asia Central hasta Turquía".[178]

Sin embargo, el panorama de esperanza que suscitaron en su momento los acuerdos con los Estados occidentales, y en especial el acuerdo trilateral de 1994, tuvo una conmoción severa y se resquebrajó cuando se presentó la crisis de 2014[179]. El país perdió gran parte de su flota en el mar Negro, pues los marineros rusos tomaron el control de muchos de los buques, o muchos de los marineros ucranianos se entregaron a los rusos, tanto por confusión como por clara inferioridad en sus capacidades militares, y también debido a una doctrina de defensa profundamente confusa en cuanto a en qué momento y contra quién debían actuar en una situación de ataque, de pérdida territorial o de confrontación armada que superara las condiciones de la seguridad ciudadana. Dentro de la península de Crimea, Ucrania perdió todo el territorio, cualquier capacidad de maniobra política o jurídica, y Rusia impuso su autoridad, ajustando una práctica de democracia iliberal a los habitantes de la región, para decir que habían decidido por abrumadora mayoría ser parte de Rusia[180]. Al mismo tiempo Moscú abrió el boquete territorial en Donetsk y Lugansk, en donde surgieron grupos separatistas, que portaban armamentos sofisticados, para terminar siendo apoyados por las tropas rusas y con discursos de reivindicación prorrusa.

---

178  Brzezinski, Zbigniew. 1998. *El gran tablero mundial. La supremacía estadounidense y sus imperativos geoestratégicos.* Editorial Paidós, Barcelona. Página 144.

179  "Ukraine's forgotten security guarantee: The Budapest Memorandum". En: *Deutsche Welle News*, 5 de diciembre de 2014.

180  Bonet, Pilar. "Crimea se abraza a la Rusia de Putin". *El País*, 17 de marzo de 2014.

Pero lo importante era que Kiev habría estado esperando una activación de los mecanismos previstos en el protocolo del Memorándum de Budapest, que necesariamente implicaría una confrontación entre los firmantes de este acuerdo, pues Rusia, quizá el principal implicado en el mismo, fue el Estado agresor que violó la integridad territorial, la soberanía y las condiciones de seguridad impuestas por el tratado, secundado por Kazajistán y Bielorrusia, que ante la situación apoyaron abiertamente a Rusia. Los Estados Unidos y Reino Unido prefirieron dejar el asunto en un mecanismo de solución pacífica del enfrentamiento, apoyando lo que luego serían los Acuerdos de Minsk, mientras que impusieron sanciones económicas contra Rusia por lo ocurrido, pero que como se puede comprobar a la luz de la guerra de 2022, ni fueron disuasorias ni un impedimento para organizar la agresión territorial en una campaña militar de gran alcance. Los Acuerdos de Minsk en 2014 son un conjunto de arreglos alcanzados de forma directa por las partes enfrentadas en territorio no neutral, toda vez que estos fueron pactados en la capital de Bielorrusia[181]. Estos convenios, llamados oficialmente el Protocolo de Minsk, I y II, buscaron una solución para el conflicto de 2014 en suelo ucraniano entre Rusia, en cuanto Estado agresor, y Ucrania, en cuanto Estado invadido. En el desarrollo de estas negociaciones se formó el Cuarteto de Normandía, que es un grupo de presión diplomática conformado en 2014 por Francia, Alemania, Rusia y Ucrania, y que tuvo un papel relevante en la aplicación de los

181 "Ukraine ceasefire: New Minsk agreement key points". En *BBC News*, 12 de febrero de 2015.

pactos para alcanzar la solución de los conflictos entre los dos últimos Estados[182].

El gobierno de Barack Obama, durante la crisis de Ucrania, tuvo una posición que estuvo marcada por un distanciamiento estratégico del problema, intentado crear medidas sancionatorias contra Rusia, como cuando impuso una restricción a los visados de funcionarios rusos, pero haciendo lo mismo también a funcionarios ucranianos. Al parecer la posición de Estados Unidos, de concentrarse únicamente en las sanciones económicas y diplomáticas contra Rusia se basaba en varias consideraciones:

Primero: Estados Unidos seguía atrapado en la guerra de Afganistán, que se había convertido un verdadero problema como acción bélica sin límite aparente, pues esta había empezado en octubre de 2001, como respuesta a los ataques del 11 de septiembre de Al-Qaeda contra Nueva York y Washington, en el entendido de que el régimen talibán daba protección a Osama Bin Laden, el líder del grupo terrorista que ejecutó los ataques de ese día[183]. Bin Laden fue eliminado en una operación táctica de fuerzas especiales norteamericanas, cerca de Abbottabad, en Pakistán, el 2 de mayo de 2011[184].

---

182  Lohsen, Andrew y Morcos, Pierre. "Understanding the Normandy Format and its relation to the current standoff with Russia". *The New York Times*. 9 de febrero de 2022.

183  La bibliografía actual sobre la guerra afgana de los Estados Unidos es abundante, pero se puede destacar entre las últimas publicaciones el libro de Carter Malkasian titulado *The American war in Afghanistan*, publicado por Oxoford University Press, en 2021.

184  Peter Bergen ha hecho una buena biografía de Osama Bin Laden, en la que explica su importancia dentro de los movimientos islamistas. El título de este libro es *The rise and fall of Osama bin Laden: The biography*, publicada por Simon & Schuster en 2021.

Segundo: el gobierno de Obama debió enfrentar la oleada desestabilizadora de lo que los medios terminaron denominando las "primaveras árabes", y que en diferentes lugares acabaron en procesos de violencia colectiva, o en guerras internas, o incluso en guerras confesionales[185]. La caída del gobierno de Hosni Mubarak y el posterior proceso con los islamistas en el poder, la caída de su gobierno presidido por Mohamed Morsi, y el retorno de los militares a la dirección del Estado, han supuesto una crisis de fondo en la política exterior norteamericana. Otro tanto en esta oleada de las "primaveras" fue la guerra en Libia, que aún se mantiene activa, en medio de la cual se presentó el asesinato de Muamar al Gadafi, con la consecuente división del país en diferentes bandos y territorios diferenciados y segmentados. En este contexto se presentó una de las crisis más graves de la política exterior de Washington cuando fue asesinado el embajador Christopher Stevens, en una acción realizada por islamistas radicales, el día 11 de septiembre de 2012[186].

Tercero: producto del fracaso militar en Irak[187], y en el contexto de las primaveras árabes, Siria fue entrando en un terreno de creciente descomposición y de guerra interna, en donde los problemas étnicos, religiosos, de clanes de terrorismo regional y

---

185 Uno de los mejores trabajos publicados sobre estos procesos, con una perspectiva amplia, es el de Uzi Rabi, titulado *The Return of the past: State, identity, and society in the post-arab spring Middle East*, publicado por Lexington Books, en 2021.

186 El editorial de *The New York Times* es bastante elocuente sobre este hecho: "Murder in Benhazi", de septiembre 12 de 2012.

187 En 2007 Toby Dodge, uno de los analistas en asuntos estratégicos con mayor reputación, presentó un análisis conciso pero centrado en los fracasos de Estados Unidos en la guerra de Irak, en el documento titulado "The Causes of US failure in Iraq", publicado en la revista *Survival*, en la primavera de 2007, en el volumen 49, No. 1.

de tensiones geopolíticas fueron creciendo de manera ilimitada. Entre los problemas más serios que surgieron es que Siria se fue convirtiendo en un conflicto de competencia entre Rusia y Estados Unidos, donde el primero fue tomando un papel preponderante en el conflicto, mientras el segundo se fue retirando de manera directa del mismo. Rusia tomó el protagonismo, e incluso llevó a la victoria al presidente sirio, el autócrata Bashar Al Assad[188]. Siria fue un problema muy serio para los Estados Unidos, pues ya había declarado la victoria militar en Irak en 2011[189], y pretendía retirarse de cualquier acción bélica directa, incluso de la posibilidad de continuar brindando apoyo abierto a gobiernos que tendían a estar en otras órbitas geopolíticas y que podían asumir posiciones hostiles hacia Washington.

Cuarto: una de las grandes preocupaciones en política exterior del gobierno de Barack Obama estuvo centrada en la necesidad de establecer una reorientación geopolítica y geoestratégica de Estados Unidos, sin descuidar la primacía de las alianzas atlánticas consolidadas después de la Segunda Guerra Mundial, y ello implicaba construir y profundizar una estructura comercial y diplomática en Eurasia, que hiciera un contrapeso real a la República Popular China, y para ello se empeñó en la creación del Acuerdo Transpacífico de Comercio[190], en lo que Hillary Clinton, como secretaria de Estado, se concentró a fondo. Con la llegada al poder de Xi Jinping, del Partido Comunista chino, en

---

188  "Russia joins war in Syria: Five key points". En: *BBC News*, 1 de octubre de 2015.

189  "President Obama has ended the war in Iraq". En: The White House President Barack Obama, 21 de octubre de 2021.

190  "Trans-Pacific free trade deal agreed creating vast partnership". *BBC News*, 6 de octubre de 2015.

2013, la competencia por Eurasia se convirtió en una prioridad estratégica para Washington, que obligó a modificar la mayoría de las proyecciones globales y las disposiciones de todo aquello que se consideraba prioritario. China empezó a desplegar lo que oficialmente ha llamado el proyecto "One Belt, One Road", y que en la práctica ha supuesto una competencia directa y sin contemplaciones con las posibilidades reales que tenga Estados Unidos para establecer una primacía en el mundo de Eurasia[191].

En este contexto de situaciones, problemas e intereses globales, la crisis de Crimea de 2014 se convirtió en un problema de difícil tratamiento, y es dentro de este contexto que se entiende que tanto Estados Unidos como Reino Unido no asumieran una posición real de garantizar la defensa y la seguridad de Ucrania, ni su integridad territorial ni la soberanía, seriamente comprometida con la anexión de Crimea[192]. Estados Unidos ha respondido tanto con las sanciones ya mencionadas, como con el no reconocimiento internacional necesario de Crimea como parte del territorio ruso. Pero en la práctica los países occidentales terminaron aceptando los hechos impuestos por las armas sobre Crimea, asumiendo una posición que se mueve entre un supuesto pragmatismo y una vía para evitar nuevos y más graves conflictos.

---

191 Frankopan, Peter. 2019. *Las nuevas rutas de la seda. Presente y futuro del mundo.* Editorial Crítica, Barcelona.

192 Las implicaciones sobre los retos de seguridad que enfrentaron los Estados europeos y Estados Unidos como consecuencia de las acciones de Rusia en Crimea, en 2014, las examinó en detalle la Rand Corporation en un documento titulado "The Ukrainian crisis and European Security. Implications for the United States and U.S. Army", escrito por F. Stephen Larrabe, Peter A. Wilson y John Gordon IV, de 2015.

Para Kiev ha sido claro, a partir de esta crisis de 2014, que lo correcto hubiese sido el ingreso a la OTAN, pues los hechos le daban la razón de que Rusia no iba a quedarse en posición de socio observador dentro de un área que veía como su propia zona de influencia, sobre la que dice tener derechos y trayectorias históricas. Así, en 2014, como en la guerra de 2022, y sobre todo con los crímenes de guerra en los que ha incurrido Rusia en diferentes localidades, especialmente en Bucha, visibles a partir del sábado 2 de abril en medio de los contraataques del ejército ucraniano[193], los líderes ucranianos, con el presidente Zelenski al frente, han considerado un error que Nicolás Sarkozy, presidente de Francia entre 2007 y 2012, y Angela Merkel, canciller alemana entre 2005 y 2021, se opusieran a la iniciativa de Bucarest presentada por George W. Bush para invitar a Ucrania y a Georgia a ser parte de la OTAN.

La oposición de Sarkozy y Merkel parece ahora, vista desde la guerra de 2022, menos que prudente, más cercanas al temor a Putin, a la vez que privilegiaba las relaciones económicas con Rusia, como en el caso alemán, con la compra de gas ruso y otros insumos para su producción industrial. Algunos observadores han indicado que la prudencia parece sostenerse en el temor, y de esta forma cualquier estrategia de disuasión falla desde sus bases, proyecta a una Unión Europea débil y a una alianza defensiva mucho más atrás que a la defensiva.

En diciembre de 2014, al ver las consecuencias devastadoras de la crisis de ese año, y ante el panorama de desastre estratégico

---

193  Gall, Carlotta y Kramer, Andrew E. "In a Kyiv suburb, 'they shot everyone they saw'". *The New York Times*, 3 de abril de 2022.

que se abría para el país, el nuevo presidente de Ucrania, Petró Poroshenko, impulsó la modificación constitucional necesaria para renunciar al no alineamiento que había introducido en la constitución Yanukóvych, en 2010, y de esta forma abrir paso a la solicitud de ingreso a la OTAN. Las reacciones frente a este cambio y con respecto a dicha solicitud fueron las previsibles: la dirección de la OTAN y sus Estados miembros fueron cautelosos, mientras que la reacción de Rusia fue de hostilidad abierta, a pesar de tener en contra el delito de agresión contra otro Estado sin que se presentara una condición de provocación o amenaza real, apropiación de territorios ajenos y el patrocinio de grupos armados ilegales contra un Estado soberano, además de la guerra contra Georgia de 2008. El nivel de hostilidad y de desconocimiento a las decisiones soberanas de Ucrania fue visible en la expresión de Dmitri Medvédev, entonces primer ministro en el tercer gobierno de Putin, quien al considerar el cambio constitucional al no alineamiento de Ucrania expresó que "una solicitud de ingreso en la OTAN por parte de Ucrania, [es] lo que la convierte en un enemigo potencial de Rusia"[194].

Con la llegada a la presidencia de los Estados Unidos de Donald Trump en 2016, se presentó un cambio en la dirección de la política exterior de Washington hacia el multilateralismo, o mejor, contra el multilateralismo, siendo uno de los países más afectados Ucrania. Trump estableció una (des)orientación en la política exterior que estuvo marcada por cuatro características principales:

194 Fernández, Rodrigo y Abellán, Lucía. "Ucrania da el primer paso para solicitar el ingreso a la OTAN". 23 de diciembre de 2014. En: *El País*.

Primero: Trump impuso una marca personalista en la política exterior[195], desconociendo de forma reiterada y notoria la estructura diplomática de Estados Unidos, que llevó a que muchos de los mejor formados y más veteranos embajadores del servicio diplomático renunciaran a permanecer en sus cargos. Esta crisis se complementó con una reforma que de facto disminuyó los poderes y la importancia del Departamento de Estado, en medio, además, de un serio recorte de presupuestos y dotaciones, llevado a cabo por Rex Tillerson, el primer secretario de Estado del gobierno Trump[196].

Segundo: Trump entró en conflicto, algo que era derivado de su perspectiva aislacionista de la política, con el multilateralismo, e incluso con el papel de liderazgo global visible de los Estados Unidos a nivel mundial. Esto derivó en una seria confrontación con los socios europeos, tomando posiciones abiertas, poco disimuladas, con respecto a la Unión Europea y la OTAN. Sus apoyos al movimiento a favor del Brexit fueron públicamente anunciados[197], y luego su apoyo a las políticas de Boris Johnson contra la UE fueron más que elocuentes. Durante el gobierno de Trump la OTAN experimentó una crisis de liderazgo, incluso de cohesión, toda vez que gobiernos

---

195 Taussig, Torrey. "The rise of personalist rule". En: *Brookings*, 23 de marzo de 2017. Para una mirada más completa sobre el personalismo, y populismo, en el gobierno de Donald Trump, véase: "Can it happen here?: Donald Trump and the paradox of populist government", de Eric Posner, en *Public Law and Legal Theory Working Paper*, # 60, enero de 2017.

196 Gramer, Robbie. "The quiet death of Tillerson's 'redesing' of State". En: *Foreign Policy*, de 22 de junio de 2018.

197 Levin, Sam. "Donald Trump backs Brexit, saying UK would be 'better off' without EU". En: *The Guardian*, 6 de mayo de 2016.

de Europa central cercanos ideológicamente a las corrientes conservadoras de Trump fueron reticentes ante las decisiones que debía tomar la alianza. Esta circunstancia también afectó fuertemente a Ucrania, dado que Trump criticaba a la OTAN mientras a la vez esperaba "buenos acuerdos" con Rusia[198]. Aunque el entonces presidente de EE. UU. tuviera posiciones ambivalentes en ocasiones, dependiendo de quién era su interlocutor, como cuando anunció la venta de armas a Kiev luego de una conversación con Poroshenko.

Tercero: Trump estableció unas relaciones especiales directas con diferentes autócratas del mundo, entre las que cabe destacar su relación con Vladímir Putin[199], Kim Jong-Un[200], el príncipe heredero de Arabia Saudita, Mohamed Bin Salman, y tuvo una especial admiración por Xi Jinping, aunque este fuese su rival geopolítico más importante desde una perspectiva global. Este tipo de relaciones fueron de las que más perjudicaron a Ucrania, pues si bien el gobierno de Trump no se atrevió a hacer un reconocimiento diplomático de Crimea como territorio ruso, el presidente sí normalizó las relaciones con Vladímir Putin, lo que de hecho permitió que se consolidaran las posiciones rusas

---

198 Gordon, Michael R. y Chokshi, Niraj. Trump criticizes NATO and hopes for "good deals" with Russia. *The New York Times*, 15 de junio de 2017.

199 Harwood, John. "Donald Trump's admiration of Putin's ruthless use of power". En: *The New York Times*, 13 de septiembre de 2016.

200 En el caso de la relación de Trump con el dictador norcoreano fue evidente que el presidente de EE. UU. impuso su personalismo sobre la estructura diplomática de su país y de las relaciones internacionales, convencido de que sus cualidades personales llevarían a un acuerdo definitivo con Kim Jong-Un. Al respecto, véase el análisis presentado por Leif-Eric Easley en la revista *North Korea Review*, con el título "Trump and Kim Jong Un: Climbing the diplomatic ladder", Vol. 16, No. 1 (primavera 2020), pp. 103-110.

en el oriente de Ucrania. Las relaciones de Trump con Putin fueron públicamente reconocidas cuando dos meses antes de las elecciones presidenciales de 2015 en Estados Unidos, Putin manifestó su apoyo y su preferencia por el candidato republicano. Estas relaciones fueron parte de la crisis política del país a partir de 2017, cuando el FBI y el Congreso de Estados Unidos denunciaron una interferencia rusa durante la campaña electoral para favorecer a Trump, abriéndose con ello el "escándalo ruso", que derivó en la investigación del fiscal especial Robert S. Mueller[201]. Incluso cuando el opositor ruso Alexey Navalny fue envenenado, Trump defendió a Putin y su gobierno[202].

En reiteradas ocasiones Trump se refirió a Putin como un líder que tiene impacto en su país, que lo conduce con claridad, y ante diversos cuestionamientos, como cuando el periodista Bill O'Reilly le preguntó si consideraba al mandatario ruso un asesino, Trump no respondió, sino que pasó a cuestionar a los Estados Unidos, afirmando, a través de una pregunta, que el Gobierno de Washington no era inocente. Esta respuesta se convirtió en una confirmación de la buena sintonía entre los dos mandatarios, que continuó incluso después de que Trump terminara su período presidencial. Dichos comentarios, más la sintonía política Trump-Putin, fueron siempre malos presagios para Ucrania. Es de anotar que estos pronunciamientos

---

201 Los reportes del fiscal especial Robert Mueller abundan en información detallada sobre la interferencia rusa. Véanse los dos volúmenes del caso, llamados "Reports on the investigation into Russian interference in the 2016 presidential election", presentados al Departamento de Justicia en marzo de 2019.

202 Davis, Julie y Sullivan Eileen. "Trump, defending call with Putin, attacks 'crazed' Media and his predecessors". En: *The New York Times*, marzo 21 de 2018.

se contrastan seriamente con la calificación que Joe Biden ha hecho durante la guerra de 2022 de criminal de guerra al referirse a Putin[203], y cuyo calificativo ha sido cada vez más usado después de que se conocieran las acciones contra civiles en la localidad de Bucha, cercana a Kiev[204].

Con la llegada de Zelenski a la presidencia en Kiev, los malos presagios parecieron confirmarse, toda vez que el presidente ucraniano no recibió un apoyo explícito a los asuntos claves de Crimea y las regiones del Dombás, incluso a pesar de lo que en las apariencias fue un encuentro cordial celebrado en Nueva York en un hotel con el presidente de Estados Unidos. Dicho encuentro quedó empantanado en medio de las presiones que hizo Trump a Zelenski para que investigara a Joe Biden y su hijo por corrupción, mientras retenía la entrega de un paquete de ayuda militar clave para la modernización militar del país[205]. Este asunto marcó otro escándalo en la convulsionada presidencia de Trump, que dejaba de nuevo en mala posición internacional, e incluso de equipamiento militar, al gobierno de Zelenski y a Ucrania.

Mientras que los gobiernos europeos en general tendieron a mantener una posición de apoyo a Ucrania, sin involucrarse a fondo con el problema de Crimea y el Dombás, más allá del derribo del avión comercial de Malaysia Airlines en 2014, el

203 Mars, Amanda. "Biden llama por primera vez a Putin 'criminal de guerra'". En: *El País*, 16 de marzo de 2022.

204 "Ukraine war: Biden calls for Putin to face war crimes trial after Bucha killings". *BBC News*, 5 de abril de 2022.

205 Guimón, Pablo. "Washington condicionó la visita de Zelenski a Trump a su compromiso con investigar a Biden". En: *El País*, 4 de octubre de 2019.

cambio de presidencia en Estados Unidos, con la llegada de Joe Biden, y la derrota de Donald Trump, marcó un cambio de rumbo con respecto a Ucrania. Este viraje se dio de forma directa, tanto en Washington como en Moscú, y en medio de la pandemia por el COVID-19.

Desde la perspectiva del Kremlin, el año 2020 fue clave toda vez que la crisis democrática y de gobierno que se presentó en Bielorrusia hizo que Aleksandr Lukashenko, el hábil presidente equilibrista en el gobierno desde 1994, se decantara hacia Moscú, derribando los pocos elementos que aún le quedaran de Estado soberano, a la vez que arrinconaba a la oposición, ya fuese encarcelándola o presionándola para su salida del país, de la que se convirtió en el símbolo más visible la candidata a la presidencia Svetlana Tijanóvskaya[206]. En las semanas siguientes se desataron intensas movilizaciones sociales y políticas contra Lukashenko que, previendo una posible acción que lo derrocara, acudió al uso de la fuerza de manera indiscriminada, y a solicitar el apoyo de Moscú con el fin de superar la crisis[207]. Lukashenko y el Estado bielorruso, que al parecer conservan bastantes elementos del período soviético, entre ellos el rechazo a la democracia competitiva, optaron por el camino contrario de Yanukóvych en 2014. Y si ya antes Bielorrusia se comportaba como Estado adherente a la política exterior de Moscú, y por tanto como un Estado que se encontraba inmerso en su esfera de influencia y de seguridad, a partir de enero de 2021

---

206   "Lukashenko tries to crush protests against his rigged 'victory'". En: *The Economist*, 10 de agosto de 2020.

207   Victor, Daniel. "What's happening in Belarus?" En: *The New York Times*, 13 de agosto de 2020.

fue mucho más que un Estado subsidiario de Moscú, y mucho menos que uno plenamente soberano[208].

De esta forma, una vez estabilizada Bielorrusia desde la perspectiva de Moscú, lo que conllevaba disolver la oposición y minimizar los reclamos públicos de Tijanóvskaya, el Kremlin aprovechó la situación de la crisis mundial de la pandemia para acumular tropas tanto en sus fronteras con Ucrania, como en las fronteras de Bielorrusia con Ucrania, y se sospecha que estas eran parte de las tropas movilizadas para sostener a Lukashenko en el poder, lo que podría calificarse de un acto de ocupación consentido, y en el cual los militares bielorrusos no tenían mucho que opinar. Para diciembre de 2021, los dos Estados anunciaron que en enero de 2022 iniciarían ejercicios militares, con un gran número de tropas, y la mayoría de estas se ubicaban a lo largo de las fronteras con Ucrania. Desde ese momento las agencias de inteligencia norteamericanas, junto con otras fuentes de inteligencia provenientes de Reino Unido, Francia y Alemania, empezaron a advertir sobre el riesgo real de una acción militar a gran escala sobre Ucrania[209].

Desde la perspectiva de Washington, la llegada al gobierno de Joe Biden implicó un cambio radical de la política exterior, haciendo énfasis en la reinstalación de la estructura diplomática desmontada por Trump, la recuperación de las relaciones con los aliados europeos de la forma más amplia posible, y el nombramiento como secretario de Estado de un conocedor de

---

208 "Jaque a la UE", editorial de *El País*, 4 de agosto de 2021.

209 Crowley, Michael. "U.S. intelligence sees Russian plan for possible Ukraine invasion". En: *The New York Times*, 4 de diciembre de 2021.

la política internacional de Estados Unidos, Antony Blinken, quien de entrada podía exhibir un perfil de formación académica y desempeño público mucho más evidente que el que en su momento tuvo Rex Tillerson, proveniente del entorno empresarial del petróleo. En términos de contenido político en el mundo, el gran reto que Biden asumió fue el de la defensa de las democracias, la contención del avance de las autocracias y, para ello, el recurso al multilateralismo y la cooperación resultaba clave. En este contexto el acercamiento con Ucrania fue una de las prioridades, dejando claro que los retos de seguridad que pasaran por este país, necesariamente, involucraban a Europa y, por tanto, a la OTAN y a Estados Unidos.

En la cumbre bilateral entre Biden y Zelenski, celebrada el día 21 de septiembre de 2021, y de acuerdo con las declaraciones oficiales de ambos mandatarios recogidas en el correspondiente comunicado de la Casa Blanca[210], Biden hacía un reconocimiento de Ucrania como Estado independiente, soberano, y democrático que merecía el apoyo de los Estados Unidos y, sobre todo, contra la "agresión rusa", tal y como lo resaltó *The New York Times* en su noticia al respecto[211], comprometiéndose a profundizar la cooperación económica y la ayuda militar, esta última orientada a fortalecer a las fuerzas armadas ucranianas para la defensa y la seguridad nacional.

Para finales del año 2021 y comienzos del año 2022 el compromiso de los Estados Unidos con Ucrania se fue convirtiendo

---

210  "Briefing room: Remarks by President Biden and President Zelensky of Ukraine Before Bilateral Meeting". The White House, Oval Office, 1 de septiembre de 2021.

211  Karni, Annie. "Biden affirms support against 'Russian aggression' in meeting with Ukraine's leader". En: *The New York Times*, 1 de septiembre de 2021.

en algo cada vez más visible a través de las alertas de seguridad emitidas por la Casa Blanca sobre una muy posible acción militar de Rusia, y que esta se preveía como una acción de gran alcance con impacto cierto sobre los territorios no tomados aún por la Federación de Rusia[212]. Las primeras noticias acerca del ataque a Ucrania provinieron tanto de los entornos militares y de gobierno de Kiev, como de los servicios de inteligencia de Estados Unidos[213], desde donde el presidente Biden alentó a los gobernantes europeos a movilizar las reuniones tanto políticas como militares de la OTAN.

Las primeras discusiones de la OTAN estuvieron centradas en descifrar cuál debería ser el apoyo que se brindaría a Ucrania, teniendo en cuenta que este no era un país de la alianza defensiva, pero que requería soporte de material militar para combatir y contener la operación militar que, en efecto, era tan grande como algunos observadores habían planteado sobre el terreno. Entre los primeros ataques de la aviación rusa estuvieron los radares antiaéreos y las baterías de defensa aérea, que para las fuerzas rusas eran un objetivo clave para lograr la superioridad aérea como un requisito básico para el éxito militar rápido. Sin embargo, hay que señalar que esa esperanza de superioridad aérea no se pudo conseguir durante los primeros cuarenta días,

---

212 Cooper, Helen y Barnes, Julian E. "U.S. warning Ukraine of a Russian invasion in real-time". En: *The New York Times*, 3 de diciembre de 2021. También véase este reporte sobre una posible operación de pretexto que algunos suelen llamar "operación de bandera falsa", en el reportaje de Julian E. Barnes, "U.S. exposes what it says is russian effort to fabricate pretext for invasion", en: *The New York Times*, del 3 de febrero de 2022.

213 Krauss, Clifford. "Putin's forces attack Ukraine". En: *The New York Times*, 23 de febrero de 2022.

a pesar de que no solo fueron dañados la mayoría de los radares y las baterías antiaéreas, sino que la fuerza aérea ucraniana, con una clara inferioridad en número de aviones y de capacidad de misiones de combates a ejecutar por día, solo podía combatir en muy pocas ocasiones pero que, con un mayor conocimiento del terreno, pudo propinar golpes certeros sobre el terreno.

El otro punto de debate fuerte entre los miembros de la OTAN era qué tan profunda era la ayuda militar que podían desplegar sobre Ucrania, y si esta implicaba el envío de tropas de combate, o incluso de cuerpos de apoyo. Desde el comienzo de las operaciones bélicas fue evidente que la OTAN no enviaría tropas de combate a Ucrania, pero sí daría soporte a través de la entrega de armas, información de inteligencia y entrenamiento especializado para unidades de combate, sobre todo para aquellas que pudiesen potenciar las capacidades de ataque de las tropas ucranianas que ya venían combatiendo en el oriente del país. Adicionalmente la OTAN dio una orden de movilización de tropas, las declaró en "estado de alerta", y decidió que era el momento de desplegar unidades de combate marítimas y aéreas sobre el Mediterráneo, y el refuerzo de las unidades de infantería desplegadas sobre Polonia, Rumanía y los países del Báltico[214]. Desde la perspectiva de Kiev, si bien se ha valorado que los miembros de la OTAN apoyaran sus peticiones de soporte, el presidente Zelenski se ha lamentado de que no hubiese un apoyo militar más contundente para enfrentar la acción militar rusa, lo que quería decir el envío de

---

214 González, Miguel. "El Comité Militar de la OTAN refuerza sus tropas en el este de Europa", *El País*, 28 de febrero de 2022.

tropas para soportar a las tropas ucranianas, afirmando que se había dejado a Ucrania sola frente a Rusia[215].

Sin embargo, el envío de tropas de soporte o para el combate al frente de batalla en Ucrania, tiene dos consideraciones de fondo buscando no otorgar una razón que sirva de *casus belli* a Rusia, que hasta el momento en que este texto se escribe han sido cruciales para evitarlo:

Primera: la guerra de Rusia contra Ucrania, de hecho, es una guerra internacional, toda vez que el territorio de Bielorrusia se ha usado como plataforma para lanzar un número importante de tropas rusas contra Ucrania y, específicamente, a la toma de Kiev y sus alrededores. Sin embargo, si se llegase a enviar tropas de un tercer país a apoyar a Ucrania, y dadas las advertencias de Putin, que si bien son inaceptables y carecen de marco jurídico alguno, esto sí podría ser tomado como la posibilidad de una guerra amplia, con la involucración de varios países con diferentes capacidades militares, donde algunos de estos pueden tener capacidades nucleares. Si además los países de soporte a Ucrania son parte de la alianza defensiva de la OTAN, esto haría de esta guerra una de tipo internacional de primer orden, por la importancia y el potencial de los involucrados, lo que conllevaría una salida incierta.

Segunda: la entrada de la OTAN en la guerra necesariamente obligaría a que los Estados Unidos tuviese que desplegar tropas sobre el terreno, además de ubicar unidades de combate marítimo y aéreo claves contra las unidades rusas, e incluso

---

215  "Rusia ataca: Zelenski dice que dejaron solo a Ucrania frente a Rusia". *Deutsche Welle*, 24 de febrero de 2022.

tener cuidado con la oposición de algunos Estados miembros dentro de la OTAN, más allá de la voluntad de confrontación que pueda tener Turquía, miembro de pleno derecho de la alianza, considerado por varios de los otros miembros como un Estado impredecible y poco confiable. También está el problema de Hungría, gobernada por Víctor Orbán, que es un dirigente conservador que se considera aliado de Putin, opuesto a la aplicación de sanciones contra Moscú, en el marco de la Unión Europea, y que a la vez ha hecho reparos constantes a cualquier posible acción de la OTAN. La desconfianza con Orbán ha aumentado durante la guerra, e incluso se ha generado un distanciamiento de Polonia, también con un gobierno conservador hace ya bastantes años, con el que Orbán había formado un frente muy fuerte dentro de la Unión Europea y dentro de la OTAN, pero la realidad política es que Orbán es un aliado de difícil aceptación, que ha ido imponiendo un condición iliberal en la democracia de su país, pero que ganó las elecciones húngaras en marzo de 2022 para un cuarto mandato[216].

Más allá de estas consideraciones, la guerra de Rusia contra Ucrania, que en la práctica fue el intento de una "guerra relámpago" para someter al Gobierno de Kiev, buscando alguna forma de eliminación de su independencia y soberanía, y tomar el control sobre la mayor proporción del territorio ucraniano, una consecuencia militar y estratégica lógica por la forma en que se inició el conflicto, ha llevado a que países tradicionalmente neutrales como Finlandia o Suecia rompieran esta posición y

---

216  Casal Bérto, Fernando y Enyedi, Zsolt. "Orbán el invencible". En: *El País*, 4 de abril de 2022.

anunciasen la solicitud de ingreso dentro de la OTAN, a la vez que también anunciaron el envío de armamento a Ucrania para su defensa[217]. A medida que la guerra ha ido avanzando, mostrando los terribles efectos sobre las ciudades y los territorios ucranianos, y en la medida en que Rusia aumenta sus amenazas contra Finlandia y Suecia, indicando que si ambos Estados, como lo aseguró Medvédev como presidente del Consejo de Seguridad de la Federación de Rusia[218], ingresaran a la OTAN, ello conllevaría el posicionamiento de armas nucleares en las fronteras cercanas a estos dos países. Las primeras ministras de ambos Estados han manifestado la apertura en firme de las indagaciones con la opinión pública y de los procedimientos institucionales que permitan su ingreso a la alianza defensiva[219].

En este contexto de la presión rusa, de una guerra de reimperialización, más de veinte países han estado enviando armas a Ucrania para defenderse de la agresión y tratar de mantener la unidad territorial. Entre estos países se encuentran Estados Unidos, Polonia, República Checa, Rumanía, Eslovaquia, Lituania, Letonia, Estonia, Finlandia, Suecia, Dinamarca, Alemania, Países Bajos, Bélgica, Luxemburgo, Francia, Grecia, Italia, Portugal y España.

Dentro de los esfuerzos para dotar de armas a Ucrania, durante el mes de marzo se presentó el intento de enviar con

217  "Suecia y Finlandia reiteran su derecho a entrar en la OTAN". *Deutsche Welle*, 26 de febrero de 2022.

218  Erlanger, Steven y Lemola Johanna. "Despite Russian warnings, Finland and Sweden draw closer to NATO". 13 de abril de 2022.

219  Torralba, Carlos. "La invasión de Ucrania y las amenazas del Kremlin acercan a Suecia y Finlandia a la OTAN". En: *El País*, 13 de abril de 2022.

destino a la fuerza aérea de Ucrania aviones de combate MIG-29, de fabricación soviética, propiedad de Polonia, e incluso Estados Unidos llegó a considerar que los repondría entregando a Polonia aviones F-16[220]. Esta operación se hizo sobre la consideración de no introducir armamento sofisticado de producción occidental para evitar con ello dar una consideración de posible *casus belli* por parte de Rusia y, en consecuencia, ampliar la guerra a otros territorios y países. Sin embargo, por las mismas razones, se evitó este envío.

Es importante señalar que Jens Stoltenberg, secretario general de la OTAN, exprimer ministro sueco, conocedor de lo que significan realmente la amenaza rusa, sus comportamientos y sus ansias imperiales, ha tenido una posición de liderazgo asertivo en la dirección de la alianza y en la preparación de la contención estratégica y en el despliegue de las capacidades militares necesarias sobre el territorio de los países aliados. Desde los primeros días de la guerra ha dado declaraciones enviando mensajes a Moscú para dejarle claro que la alianza está en capacidad de defenderse y en disposición de movilidad militar y, luego, con el cambio de estrategia del mando ruso sobre el terreno, a partir del día 24 de marzo, Stoltenberg fue de nuevo claro y directo, afirmando que cualquier uso de armas químicas, biológicas o nucleares sería considerado una amenaza directa por parte de la OTAN[221].

---

220 Erlanger, Steven y Jakes, Lara. "U.S. is exploring how to send Soviet-era fighter jets to Ukraine". En: *The New York Times*, 6 de marzo de 2022.

221 Jens Stoltenberg avisa a Rusia: "Un ataque químico cambiaría la naturaleza del conflicto", Euronews, 24 de marzo de 2022.

## La invasión a Ucrania en la ONU

Desde el comienzo de la guerra misma António Guterres, el actual secretario general de la organización, asumió que esta era algo inadmisible, e incluso impensable para el mundo contemporáneo, y el mismo día 24 de febrero, cuando empezaron las operaciones militares, le solicitó al presidente Vladímir Putin detener la acción de las tropas, y en última instancia, detener la guerra. El día 25 de febrero el ministro de Relaciones Exteriores de Ucrania, Dmitro Kuleba, solicitó una reunión de urgencia al Consejo de Seguridad de Naciones Unidas, en la que se abordara la guerra que empezaba contra Ucrania para instar a Rusia a detenerla. Durante la sesión se presentaron los hechos, intervinieron los embajadores de los Estados miembros de dicho Consejo; tanto aquellos que representan a los Estados con posición permanente, y que por tanto tienen derecho a voz, voto y veto, como los representantes de los Estados con puestos rotativos. La decisión de si emitir o no una resolución pasó a la votación, luego de que era claro que las acciones de Rusia eran rechazadas por la mayoría de los miembros del Consejo de Seguridad, exhortándolo, además, a detener las operaciones bélicas y buscando, en consecuencia, una salida diplomática.

El embajador de Rusia ante las Naciones Unidas, en sus intervenciones, rechazó el tratamiento de problemas, las perspectivas asumidas y las conclusiones a las que se llegó, alegando que ni el debate ni el borrador de resolución propuesto eran equilibrados, subrayando que no tomaba en cuenta lo que había sucedido en Ucrania en 2014: el golpe de Estado que obligó a la huida de Víctor Yanukóvych. Esto muestra que Rusia parte de una interpretación sesgada de los hechos y, en consecuencia, da forma a la búsqueda de su legitimación, desde el punto de vista de Moscú, de la guerra. El embajador ruso Vasily Nebenzia ejerció el derecho de veto, impidiendo que la resolución pudiese ser emanada del Consejo, así la mayoría de sus miembros hubiesen votado a favor, y entre los que se encontraban Albania, Brasil, Gabón, Ghana, Kenia, Estados Unidos, Francia, Gran Bretaña, Irlanda, México y Noruega. A esta votación se opuso el veto ruso, con su obvio voto en contra, y se sumaron las abstenciones de la República Popular China, gran aliado geopolítico de Rusia, y para el que los resultados de la guerra pueden tener derivaciones directas en el conflicto con Taiwán; India, uno de los principales compradores de armas rusas y en donde esta guerra se sigue con detalle por lo que pueda significar para los conflictos territoriales de la India; y Emiratos Árabes Unidos[222].

Luego de este veto ruso a la posibilidad de que el Consejo de Seguridad expidiera la resolución respectiva con referencia a la agresión rusa contra Ucrania, un grupo de países dentro de la Asamblea General de la ONU movilizó una serie de iniciativas que permitieran que el asunto de la guerra rusa fuese discutido en medio de una sesión especial de la Asamblea General para realizar una evaluación de la misma y tomar una decisión a la luz de la carta fundacional de la ONU y el marco del derecho internacional vigente actualmente. Este debate se llevó a cabo el 2 de marzo y tres cuartas partes de los Estados miembros

---

222 "Rusia veta la resolución que condena su propia ofensiva sobre Ucrania y apoyada por la mayoría del Consejo de Seguridad". *Noticias UNO*, 25 de febrero de 2022.

de la ONU, que en la práctica son ciento cuarenta y un votos, estuvieron de acuerdo con condenar la invasión a Ucrania, exigir la salida de las tropas rusas y el desarrollo de una solución diplomática para esta acción militar. En esa votación cinco países votaron en contra, siendo estos Bielorrusia, Corea del Norte, Eritrea, Rusia y Siria; mientras que se abstuvieron en la votación treinta y cinco Estados, incluyendo a los que evitaron asistir a esta sesión particular para no verse comprometidos a votar, o tomar una posición específica. Entre los Estados que se abstuvieron de condenar la acción de Rusia se encuentran Nicaragua, Cuba y Venezuela, tres claros aliados geopolíticos de Rusia. En este debate también salió a la luz pública internacional el hecho de que Bielorrusia es parte de la guerra misma, ante la evidencia de que, como mínimo, ha permitido que Rusia y sus fuerzas militares utilicen su territorio para agredir a un tercer Estado, lo que deja, cuando menos, abierta la sospecha de complicidad y colaboración en un crimen de agresión contra un tercer Estado que no provocó militarmente la guerra. Esta votación y la consecuente resolución expedida a nombre de la Asamblea General han constituido una derrota diplomática para Rusia[223].

Semanas más tarde, y especialmente luego de que se conocieran los hechos de Bucha, localidad cerca de Kiev, ante el repliegue de las tropas rusas frente a los contraataques ucranianos en medio del cambio de estrategia de Rusia, el debate en la ONU tomó un nuevo impulso, con dos hechos importantes.

---

223 Sánchez-Vallejo, María Antonia. "La Asamblea General de la ONU condena por mayoría aplastante la invasión rusa de Ucrania, *El País*, 2 de marzo de 2022.

El primero de estos es que el día 5 de abril el presidente Volo-dímir Zelenski participó en una sesión especial del Consejo de Seguridad de Naciones Unidas, en donde luego de explicar los posibles crímenes contra la humanidad cometidos por Rusia en Bucha y otros lugares de su país en el marco de la guerra, hizo responsables a las tropas rusas de dichos crímenes, pidiendo además el establecimiento de un tribunal especial para juzgar aquellos actos, que se pareciera al establecido en Núremberg al final de la Segunda Guerra Mundial para juzgar a los oficiales militares y políticos nazis. En esta sesión el embajador ruso se atuvo a las líneas expresadas por el Kremlin a partir del día 3 de abril, en relación con los crímenes de Bucha, indicando que todo aquello es el resultado de un montaje por crímenes que en realidad cometieron las fuerzas ucranianas. El embajador Nebenzia de nuevo acusó a Kiev de mentir, de tergiversar la realidad, de acomodar los hechos para evitar que la verdad fuera vista. Es de anotar que Zelenski, a la vez que acusaba a Rusia de crímenes en el marco de la guerra, al mismo tiempo señalaba a la ONU de inacción[224].

La segunda acción está definida por la decisión tomada en la mañana del 7 de abril, en el marco de un amplio debate en el seno de la Asamblea General, por la cual se suspendió a Rusia de su participación en el Consejo de Derechos Humanos de la ONU, luego de que Estados Unidos, a través de su embajadora en el organismo internacional, presentara la solicitud respectiva. Esta decisión implica, de una parte, un reconocimiento político,

---

224  Pérez-Peña, Richard. Zelensky accuses Russia of atrocities and criticizes U.N.'s inac-tion. *The New York Times*, 5 de abril de 2022.

pues no puede ser de ninguna forma una decisión jurídica, de la responsabilidad rusa en la comisión de delitos contra la humanidad, más allá del concepto básico de crímenes de guerra en Bucha y, por tanto, las explicaciones rusas son inaceptables y para muchos descabelladas[225]. De otra parte, el principal efecto de esta decisión de la Asamblea General deja aún más aislada a la diplomacia rusa, lo que se corresponde con las expulsiones de sus funcionarios diplomáticos de diversos Estados europeos, y al mismo tiempo los países de Europa occidental comenzaron a tomar las decisiones correspondientes para dejar de comprar gas ruso. En esta decisión la votación fue de noventa y tres a favor de la suspensión, veinticuatro en contra y cincuenta y ocho abstenciones.

## CHINA E INDIA

Las relaciones entre China y Rusia son ampliamente conocidas como aliados geopolíticos que proyectan tener un adversario en común, que son los Estados Unidos, y uno subsidiario, que es la Unión Europea, con una visión compartida del peligro que en sí misma representa la OTAN como alianza militar defensiva. Desde la década de 1990 los intercambios diplomáticos y los encuentros entre los países han aumentado vertiginosamente, sobre todo desde la firma de los acuerdos de amistad entre Jiang Zemin y Boris Yeltsin en 1997, hasta llegar a su punto más crucial con los acuerdos alcanzados entre Moscú y Beijing durante

225 "La ONU suspende a Rusia del Consejo de Derechos Humanos". *Deutsche Welle*, 7 de abril de 2022.

los últimos años. En este contexto ha sido muy importante el hecho de que China haya logrado tener un reconocimiento en la Rusia postsoviética que no logró durante el período de régimen comunista en Moscú, y sobre ese reconocimiento China ha logrado establecer una aparente relación más equitativa, de no subordinación, que fue lo que en últimas permitió a Richard Nixon y su secretario de Estado, Henry Kissinger, forjar una relación estratégica que se mantuvo, con sus diferentes altibajos, más o menos inalterada hasta los últimos años.

La República Popular China ha superado con creces los niveles de desarrollo que había registrado durante el siglo XX, a la vez que ha obtenido un progreso científico, tecnológico e industrial sobresaliente, lo que le ha permitido obtener, además, un nivel de crecimiento económico sostenido, hasta convertirse en la segunda economía nacional más grande del mundo actual. Ello es en sí mismo un cambio de posiciones y de papeles evidentes con Moscú, que durante el siglo XX había gobernado el Estado más desarrollado por fuera de Occidente, sin contar a Japón, y con el mayor territorio que cualquier Estado pudiera tener, junto con los diversos recursos naturales que ello le otorgaba. Por su parte, la Rusia que surgió en 1992 enfrentó una década de recesión económica severa que solo fue superada cuando los precios del petróleo iniciaron su curva ascendente más fuerte y duradera de la historia, lo que representó un ingreso económico inesperado para Rusia, que le permitió despegar en diferentes áreas de actividades económicas, aunque su desarrollo haya estado permanentemente marcado por la corrupción, algo solo revelado por la oposición política al Kremlin. Sin embargo, la economía rusa depende sobremanera de la exportación de fuentes energéticas convencionales, es decir, petróleo, carbón y gas, y su desarrollo industrial y agroindustrial es limitado y, en muchos casos, aún dependiente de modelos tecnológicos de la época soviética. Esta situación ha convertido a Rusia en un país que experimenta a la baja, de manera muy rápida, cualquier cambio en los mercados energéticos convencionales.

Este contexto hace que las actuales alianzas geopolíticas entre China y Rusia estén marcadas por la complementariedad ante su principal adversario que es Estados Unidos, así como con la alianza defensiva que este soporta junto con sus aliados europeos occidentales, y la organización internacional que la mayoría de estos integran. De esta forma, es evidente que desde que Xi Jinping asumió el poder en 2013, sus puntos de acuerdo con Putin han sido amplios y variados, aunque ambos mandatarios y ambos Estados mantengan puntos de reserva frente al otro. Entre ambos además establecen un control complementario de influencias sobre Asia Central, toda vez que Pakistán es un estrecho aliado de China, mientras que India lo es de Moscú, prácticamente desde su constitución como Estado en 1947, sin que fuese obstáculo para ello el liderazgo que Nueva Delhi tuvo en 1955 para la creación de la Organización de los No Alineados.

En el marco de la guerra de Rusia contra Ucrania en 2022, Rusia y China establecieron una relación que se hizo evidente desde la declaración conjunta del día 4 de febrero de 2022, en la que tanto Putin como Xi presentaron una relación de afianzamiento de lazos comerciales, financieros y estratégicos.

Esta declaración se hizo adicionalmente en el contexto de incremento de las tensiones entre Rusia y Ucrania por la acumulación de tropas, equipos militares y material bélico, tanto en territorio de Rusia como de Bielorrusia; pero a la vez esta declaración se presentó públicamente justo en el momento en que se inaugurarían los Juegos Olímpicos de Invierno de Beijing[226]. Informaciones posteriores, con base en diversas agencias de inteligencia occidentales, han indicado que China tenía un alto grado de certeza de que Rusia ejecutaría una acción bélica contra Ucrania, aunque no es evidente si la información que posiblemente tuvieran los chinos contendría detalles de operaciones amplios, o algún grado de precisión de la estrategia y las tácticas militares a seguir. Sin embargo, lo que sí parece ser cierto es que se produjo un posible acuerdo entre China y Rusia que conllevaba que las operaciones militares se ejecutaran luego de terminados los Juegos Olímpicos de Invierno, evitando así lo sucedido en agosto de 2008, cuando la guerra en Georgia se inició justo en el momento en que China inauguraba los Juegos Olímpicos[227], y Putin se encontraba cara a cara con Bush. Otras fuentes también han indicado que en estas conversaciones Putin dejó abierta una posibilidad creíble de aumentar el petróleo y carbón que puede vender a China, en una acción que preveía posibles sanciones económicas, dando a la vez apertura a apoyarse, ante una emergencia real, en el sistema bancario chino.

---

226 "Putin and Xi proclaim bond as Russia deploy more forces near Ukraine". En: *The New York Times*, 3 de febrero de 2022.

227 Wong, Edward y Barnes, Julian E. "China asked Russia to delay Ukraine war until after Olympics, U.S. official say". En: *The New York Times*, 2 de marzo de 2022.

Una vez iniciada la guerra la posición de Beijing ha sido ambigua, pues de una parte ha indicado que la responsabilidad de que se diera la guerra la tienen los Estados occidentales, y especialmente Estados Unidos y la OTAN, pero al mismo tiempo ha ido decantándose por pedir a Rusia detener la guerra y buscar una ruta de negociación diplomática. Beijing se ha ofrecido de mediador, ha buscado establecer canales de negociación, pero a la vez evita hablar de invasión, reconoce las acciones de Rusia como operaciones especiales, aunque las condena, pero critica la imposición de sanciones económicas como una acción que impide establecer canales de solución diplomática[228].

Quizá la posición ambigua de China, calificada por algunos observadores como de incómoda neutralidad, tiene una realidad de fondo: es muy posible que esté asumiendo una posición de observación de lo que suceda con Rusia en cuanto a la respuesta occidental por haber invadido a Ucrania, y sobre las consecuencias que deberá afrontar Moscú, a la vez que estará evaluando la capacidad que China tiene para hacer de contrafuerte a la posición de Estados Unidos y de los Estados occidentales, pues dependiendo de las evaluaciones y lecciones que pueda extraer de la guerra vista en conjunto, Beijing podrá tomar la decisión de cuál es el momento preciso para pasar a resolver por las armas sus diferencias con Taiwán, que desde la perspectiva china es un situación que tiene similitudes muy serias, empezando por que Beijing no acepta que existan dos Estados chinos diferenciados, separados y soberanos ambos.

228  Leonhardt, David. "China's Russia problem". En: *The New York Times*.

Los paralelos entre Ucrania y Taiwán son varios, tal y como se indicó en un panel realizado el 22 de marzo de 2022, en el Center for Strategic & International Studies[229], entre los que se pueden resaltar tres: primero, su soberanía no es plenamente reconocida por el Estado del cual se separaron; segundo, su seguridad depende de alianzas internacionales, que permitan disuadir al Estado potencialmente agresor de iniciar cualquier actividad bélica en contra; y tercero, el Estado del que reciben una potencial amenaza registra un comportamiento básicamente imperialista, toda vez que no solo aspira a la destrucción del Estado que se atacará, sino que se procurará reintegrar la totalidad del territorio, o la parte que sea relevante desde una perspectiva histórica y geopolítica en el antiguo núcleo imperial. La lógica que subyace a ambos problemas es la misma: evitar que surjan Estados-nación diferenciados en sus fronteras, y donde adicionalmente ambos –Ucrania y Taiwán— comparten la condición de ser democracias competitivas, aunque Ucrania registre serios problemas de corrupción de difícil solución.

Es necesario anotar que la guerra en China al parecer ha contado con un amplio apoyo de la sociedad, por todo lo mencionado arriba, además de la adecuada censura de prensa que un régimen autoritario como el de Beijing ejerce. Además, Putin es proyectado y visto entre los chinos como una figura masculina plena, en contra de las "veleidades" homosexuales que parecen existir en las sociedades occidentales, lo que encaja

---

229 "Ukraine and Taiwan: Parallels and early lessons learned". Center for Strategic & International Studies, marzo 22 de 2022.

perfectamente con la represión a los movimientos LGBTI tanto en Rusia como en China.

El asunto de la India con respecto a la guerra en Ucrania también tiene una complejidad seria, pues si bien este país ha sido un aliado geopolítico de Moscú desde su fundación, siendo un fiel y constante comprador de armas, ha recibido asistencia técnica, y durante el período de la Guerra Fría asumió un modelo de planificación económica cercano al existente en la URSS; desde el inicio de la posguerra fría, Nueva Delhi ha tenido un acercamiento cada vez mayor a Washington. De hecho, durante el gobierno de Barack Obama ambos países establecieron objetivos comunes para crear el Acuerdo Trans-pacífico de Comercio, con el fin de balancear el proyecto de la "nueva ruta de la seda" chino. Estos acercamientos están muy estimulados por la rivalidad indo-pakistaní, que en realidad es una disputa cósmica más allá de las diferencias territoriales que existen sobre Cachemira y, dada la cercanía que durante la posguerra Islamabad ha construido con Beijing, Nueva Delhi hace lo mismo con Washington. Es necesario recordar que India y China son a su vez enemigos históricos, han tenido disputas militares serias en el último medio siglo, y la alianza con Pakistán hace que India sienta que debe tener una diplomacia amplia y una política exterior vigilante, agresiva si fuese necesaria, enrai-zada en una capacidad militar visible. La guerra indo-pakistaní de Kargil de 1999 profundizó las complejidades geopolíticas, militares y de seguridad de Asia Central, y ha radicalizado las alianzas militares.

Sin embargo, en la guerra de Ucrania la posición de India ha sido la de respaldar que Moscú tenga una salida económica y política, ello con el fin de evitar que termine bajo las influencias y el control económico de Beijing, y, adicionalmente, el nacionalismo indio, sumado a los estrechos nexos comerciales y militares entre India y Rusia, hacen que el gobierno de Narendra Modi se sienta más proclive, por cuanto se siente también más próximo, a dar apoyo y reconocimiento a Putin. Pero Modi, más allá de la coyuntura bélica y los escenarios geopolíticos, se encuentra, junto con su partido político, el Partido Popular de la India, en el centro de un proyecto cultural, religioso y geopolítico de largo aliento, en el que asume la identidad política del hinduismo como el pegamento básico de la sociedad, con sus dimensiones sociales y religiosas muy presentes y en una clara diferenciación de las minorías musulmanas, sijk y cristianas. Esto ha llevado a que algunos sectores vean como inaceptable la permanencia de los musulmanes y de otras corrientes religiosas minoritarias dentro de la India, o incluso que se les otorguen derechos de ciudadanía plena. Esta concepción de la India se acerca a las ideas geopolíticas del eurasianismo que rodea el proyecto político de Putin y explica, entre otras cosas, que una gran parte de la opinión pública india tenga una buena imagen suya, aunque otro sector también la tiene de Zelenski. India y Rusia tienen diversas cercanías, comparten algunos resquemores básicos del orden internacional, difieren en algunos aliados, pero piensan en esquemas similares sobre la centralidad de sus países[230].

---

230  Raha Mojan, C. "For India, Putin's war starts to look like a gift". En: *Foreign Policy*, 30 de marzo de 2022.

Lo anterior explica que Modi esté tratando de posicionar a la India como un Estado neutral, tejiendo posiciones que faciliten diálogos, y por eso mismo se ha distanciado de Washington. Sin embargo, esta es una posición peligrosa con respecto a lo que India en algún momento llegue a requerir en caso de una nueva y más fuerte guerra indo-pakistaní[231]. En este escenario, los Estados occidentales han tomado nota de la abstención de la India en la votación en la sesión de la Asamblea General de la ONU contra Rusia, en la discusión sobre la guerra contra Ucrania.

231 "Ukraine: Russia praises India for not judging war in 'one-sided way'". En: *BBC News*, 1 de abril de 2022.

# Capítulo 5

# Incertidumbres e imposibilidades para el fin de la guerra

Desde el comienzo mismo de la guerra, cuando Rusia desplegó un gran ejército para intervenir en territorio ucraniano en febrero, como en las diferentes guerras de invasión desde la Antigüedad, ante la pregunta sobre cómo podría lograrse el fin de la misma, surgieron los tres escenarios básicos que se mantienen como una constante en la historia:

Primero, las fuerzas militares del Estado invadido son derrotadas en las confrontaciones bélicas y, en consecuencia, pierde el control territorial, la población deja de apoyar a los gobernantes y el Estado es derrotado. En este caso, cualquier posibilidad de terminación de la guerra está determinada porque el Estado atacado deja de existir y, por ende, cualquier tratado que se pueda negociar se limita, más o menos, a la rendición y desaparición de cualquier estructura institucional que pueda reorganizar la población en un orden autónomo. Los ejemplos de este tipo de rendiciones son abundantes desde la Antigüedad, incluso la misma historia de la formación del Estado en Rusia, desde antes del período de los Romanov, es un ejemplo claro. Con el surgimiento de los Romanov, la toma de territorios que se consideraban independientes, como el del Kanato de los tártaros de Crimea, durante el siglo XVIII, a través de la guerra primero, y luego con la imposición de una seria transformación política, e incluso cultural, dicho kanato desapareció. Norman Davies provee, en un libro realmente aleccionador sobre la desaparición de Estados y sociedades, de ejemplos copiosos de procesos similares[232].

Incluso si se quiere un ejemplo de la Antigüedad, de donde parece posible obtener ejemplos de Estados que eran intervenidos militarmente y en consecuencia desaparecían, se pueden citar los diversos casos en los que los persas invadieron Estados enteros, y sus sociedades terminaban incorporadas y asimiladas dentro de la nueva sociedad gobernada. Uno de estos, quizá el más dramático fue la suerte corrida por Cartago después del desafío de Aníbal contra Roma como centro imperial en crecimiento que centralizaba el comercio y el poder dentro de sus propias redes, pues terminó siendo borrada hasta sus cimientos por las tropas romanas que no dudaron en eliminar a la sociedad cartaginesa[233]. Dicho de manera directa, desde la Antigüedad hasta el mundo contemporáneo, no ha sido infrecuente que desaparecieran Estados y sociedades a manos de invasores que tendían a asumir sus territorios, asimilar o eliminar a sus

---

232  Davies, Norman. 2016. *Reinos desaparecidos. La historia olvidada de Europa.* Galaxia Gutenberg, Barcelona, 2013.

233  Keith, Adrian. 2019. *La caída de Cartago. Las guerras púnicas 265-146 a.c.* Editorial Ariel, Barcelona.

sociedades, lo que incluía ciudades, religiones o prácticas culturales específicas, dentro de sus propias instituciones.

Segundo: el Estado invadido logra establecer una capacidad suficiente de resistencia, reorganiza las veces que sea necesario sus tropas, consigue más armamento, logra apoyos de terceros Estados, expulsa al invasor y conduce un contraataque que lleva a la derrota del invasor, que puede incluir una alianza más amplia de Estados contrarios al invasor. Esta puede ser en parte la historia misma de la Unión Soviética durante la Segunda Guerra Mundial, que libró una brutal guerra de resistencia contra el invasor alemán, bajo el gobierno del régimen nazi, y que teniendo apoyo de los aliados occidentales, especialmente Estados Unidos, que a través de la Ley de Préstamos y Arrendamientos[234] otorgó tanto dinero como armamento, equipos médicos de campaña e incluso alimentos a la URSS. Así, esta logró reorganizar a sus tropas, ir al contraataque, y desde el flanco oriental alemán, obtener su derrota. En otras palabras, la Gran Guerra Patriótica, como denominaron los soviéticos a la Segunda Guerra Mundial, y su participación en ella, hubiese sido imposible sin la ayuda y el reconocimiento occidentales.

Y tercero: ninguno de los dos Estados confrontados, tanto el invasor como el invadido, logran imponerse sobre el adversario y, en consecuencia, tienen que optar por lograr victorias mínimas que les permitan tener posiciones firmes en la negociación de un tratado para finalizar la guerra. Estas circunstancias han sido frecuentes, y se puede identificar una serie clara de

---

234 Davies, Norman. 2008. *Europa en Guerra. 1939-1945*. Editorial Planeta, Barcelona, página 65.

casos desde la Guerra de los Treinta Años, de 1618 a 1648[235], en donde se evidencia cómo los Estados tienden a fortalecer su posición sobre el terreno de los combates, lo que conlleva que las personas no combatientes, que usualmente se identifican como civiles, sean también objeto de severas represalias y ataques violentos, al punto que durante el siglo XX se consideró que actos masivos de tales características debían ser nominados y castigados, como hizo Rafael Lemkin con los actos que terminó caracterizando como genocidio, y otros casos más.

Una victoria mínima puede ser obtener el control de un sector territorial clave, la toma de una o varias ciudades importantes, el establecimiento de un control particular sobre una ruta de uso frecuente o de valor estratégico destacado. También la puede constituir la derrota evidente y clara de las fuerzas armadas del Estado contrario, o el bloqueo de las mismas.

En el momento en que estos textos se escriben, parece ser claro que el objetivo inicial de la guerra en Ucrania, que aún continúa desenvolviéndose mientras han fracasado los intentos diplomáticos por establecer un alto al fuego y la consecuente finalización de la guerra, no se consiguió. La derrota del Estado ucraniano a través de la toma de la capital, Kiev; el cambio de régimen y la imposición de una condición de reunificación con la Federación de Rusia, que tendría un conjunto de opciones que podrían ir desde una federación internacional hasta la redefinición de los territorios de Ucrania como territorios rusos,

235 El trabajo de Kalevi J. Holsti sirve de partida para identificar diferentes situaciones en las que se puede negociar la terminación de una guerra internacional, en su libro *Peace and war: Armed conflicts and international order 1648-1989*. Cambridge University Press, 2000.

su redistribución en nuevas unidades administrativas, y quizá crear procesos forzados de migración de partes de la población que pudieran llevar a la alteración de una identidad nacional que necesariamente se ha reforzado con la guerra no se ha dado. Según han recogido investigadores de Royal United Services Institute for Defence and Security Studies, en un informe presentado el 22 de abril, compuesto tanto por información de fuentes abiertas como por entrevistas sobre el terreno en Ucrania, incluyendo posiblemente fuentes rusas, el plan inicial era derrotar a Ucrania en un plazo inferior a dos o tres semanas, obligar a una negociación en los términos de Moscú y, sobre esa base, exponer el nuevo triunfo militar, político y diplomático el 9 de mayo, conmemoración del Día de la Victoria[236].

Esto explica que al finalizar el primer mes de guerra e invasión, el Kremlin replanteara su estrategia y se decidiera por tener un objetivo limitado, consistente en establecer el control del oriente de Ucrania, es decir, de la región del Dombás, así como de la ciudad de Mariúpol, un importante puerto y zona industrial, que además garantiza estabilidad para la armada rusa en el mar de Azov, eliminando cualquier posibilidad de que aparezca un arma rival en estas aguas. También las ciudades de Donetsk, Lugansk, Horlivka, Sievierodonetsk y Rubizhne, hacia el norte. Escoger esas áreas urbanas como las bases de una victoria militar sobre el terreno implica crear una zona más amplia hacia el occidente, estableciendo una curva defensiva territorial hacia el futuro. Hacia el sur y suroccidente de Mariúpol la ofensiva rusa

---

236 Watling, Jack y Reynolds, Nick. "Operation Z. The death throes of an imperial delusion". *RUSI*, 22 de abril de 2022.

tiene como objetivo el puerto de Berdiansk y las ciudades de Melitopol, Polohy y Jersón. Y al parecer, según la información que se puede recoger a través de diversas fuentes abiertas, si estos objetivos fuesen alcanzables, si se pudiera afirmar en ellos el poder ruso y consolidar la presencia territorial, la ofensiva debería proseguir por el suroriente de Ucrania, incluyendo las ciudades de Mykolaiv y Odesa.

Hasta aquí es claro que la estrategia rusa tiene como objetivo mínimo conectar territorialmente la península de Crimea, conquistada militarmente en 2014, a través de la costa occidental del mar de Azov, con el suroccidente de Rusia. Pero estos objetivos mínimos de la guerra llevan a que necesariamente se plantee un objetivo intermedio a partir de la conquista de Odesa[237]: abrir un corredor territorial que permita conecta la región de Transnistria, al nororiente de Moldavia, con las nuevas conquistas rusas, creando nuevas fronteras territoriales y, por tanto, modificando la geopolítica[238].

Para Ucrania se trata de impedir, contener y revertir cualquier conquista territorial de Rusia sobre su territorio, algo que ha sido expresado con contundencia por el presidente Zelenski y gran parte de los militares, e incluso parte de la población civil presente en las áreas atacadas[239]. Para Zelenski, como lo

---

237 "Rusia lanza un ataque con misiles contra Odesa en plena ofensiva en el sur y este de Ucrania". En: *El País*, 23 de abril de 2022.

238 Cuesta, Javier. "Un mando militar de Rusia afirma que quieren tomar también todo el sur de Ucrania". En: *El País*, 22 de abril de 2022.

239 Pita, Antonio y Segura, Cristian. En: "Ucrania se resiste a entregar Mariúpol y asegura que los últimos combatientes 'lucharán hasta el final'". En: *El País*, 17 de abril de 2022.

ha dejado claro en diferentes intervenciones a lo largo de la guerra, Crimea sigue siendo territorio ucraniano, y su estatus político y territorial debe ser discutido. Para los militares y los combatientes ucranianos ha sido clave el armamento entregado, vendido o cedido por los occidentales para detener el avance ruso sobre el oriente del país, y es parte de lo que ha llevado a que las conquistas territoriales, todavía al final de abril de 2022, estén lejos de consolidarse[240].

Pero ¿cómo se reflejan los movimientos militares sobre la posibilidad real de negociar un tratado? La respuesta no es clara cuando la guerra aún está en ejecución, y menos aún con la falta de éxito militar de Rusia, lo que hasta ahora no quiere decir derrota, pero sí abre una perspectiva de un conflicto prolongado, en donde los militares ucranianos profundizarán tácticas de guerra asimétrica e irregular, y los rusos deberán exponer su frontera suroccidental a una guerra posiblemente de largo aliento.

En este contexto, desde la primera semana de la guerra empezaron los contactos diplomáticos entre Ucrania y Rusia para llegar a un acuerdo que permita la detención de la agresión, aunque el primer mediador solo era creíble y aceptable para Moscú y sus aliados: fue Aleksandr Lukashenko y el sitio previsto para la negociación fue la localidad bielorrusa de Belovezhskaya Pushcha, cerca de la frontera con Ucrania. Desde el comienzo la mediación bielorrusa despertó suspicacias y estaba revestida de ilegitimidad, pues en realidad no podía

---

240 Santora, Marc. "Armed with new powerful weapons, Ukraine is limiting Russian advances, military say". En: *The New York Times*, 23 de abril de 2022.

ser un mediador de la guerra, por cuanto era parte de esta. Su territorio fue usado para el acantonamiento de las fuerzas militares y lanzamiento de ataques rusos desde el flanco norte contra Ucrania, además de que brindó apoyo militar a las fuerzas rusas. Bielorrusia también ha sido zona de retaguardia, sitio de almacenamiento de armamento y municiones, y área de atención médica de tropas rusas. En consonancia con esta ilegitimidad, profundizando las suspicacias y la desconfianza en los resultados que se pudieran obtener de las mismas, Putin ordenó la activación del comando de defensa estratégica del Estado ruso, que cuenta entre sus capacidades el uso de armas nucleares[241]. Adicionalmente, Vladímir Putin insistía todavía en ese momento en hacer llamados a los militares ucranianos para que depusieran las armas, dieran un golpe de Estado contra el gobierno de Zelenski y se entregaran a las fuerzas rusas. Estas primeras rondas de negociación fracasaron, como era previsible, por razones que se explicarán un poco más adelante.

Luego, a partir de la primera semana de marzo, Recep Tayyip Erdogan, el presidente islamista de Turquía, logró convencer a las partes en conflicto para iniciar rondas de negociación, dándose un primer acercamiento en la población turca de Antalya el 10 de marzo, donde tampoco se logró un acuerdo, para luego comunicar internacionalmente el 28 de marzo de 2022, a través del portavoz de la presidencia turca, que las conversaciones se

---

241  Sanger, David E. y Broad, William J. "Putin declares a nuclear alert, and Biden seeks de-escalation". En: *The New York Times*, 27 de febrero de 2022.

acogerían en Estambul y fueron instaladas por la presidencia turca, pero tampoco allí hubo acuerdo alguno[242].

De lo negociado hasta el día sesenta de la guerra, cuando este trabajo de investigación se cierra, y con base en la descripción de lo sucedido por diversas fuentes, es posible identificar tres escenarios básicos de tratados bilaterales factibles de ser negociados entre las partes enfrentadas, todos con altas probabilidades de fracasar en el mediano plazo:

Primero: dado que Rusia no logró conquistar a Ucrania en todo su territorio, intentará que Kiev acepte las conquistas territoriales que ha obtenido, tanto en 2014 como en esta guerra de 2022. Ello irá acompañado de las exigencias que hasta ahora parecen irrenunciables para el Kremlin de que Ucrania desista de ser parte de la OTAN y de la Unión Europea, y que se conforme como un Estado desarmado desde el punto de vista estratégico, que, sin embargo, no es una fórmula parecida a la de Finlandia, como algunos analistas creen, pues Ucrania tiene un valor histórico y político sustancialmente diferente para Rusia.

Hasta el final del mes de abril esta fórmula es inaceptable en todos sus puntos por Kiev, que ha dicho que la integridad territorial es innegociable, y sobre los puntos referidos al ingreso en la OTAN y la Unión Europea, Zelenski ha afirmado que los mismos serían sometidos a referendo, y con base en lo aprobado en dicho referendo, el Estado ucraniano tomaría una decisión de fondo. Una negociación de este tipo supone que Kiev renunciaría a ser un Estado soberano, y limitaría sus

---

242 "Ucrania y Rusia se preparan para una nueva negociación en Turquía". En: *Deutsche Welle*: 28 de marzo de 2022.

posibilidades de existencia a un necesario entendimiento obligado con Rusia, careciendo además de las capacidades militares suficientes para defenderse de futuras agresiones.

En este escenario de negociación, lo que es evidente es que Moscú dejaría abierta la posibilidad de realizar en el futuro nuevas incursiones hasta lograr la toma del territorio ucraniano. De esta forma, la exigencia del desarme se convierte en un asunto ambiguo: de una parte, se plantea una supuesta perspectiva de neutralidad sobre Ucrania y, de otra, supone que Ucrania sería a todos los efectos un Estado tapón (*buffer State*) contra la OTAN. Sin embargo, una victoria militar rusa contundente dejaría a Kiev sin muchas opciones para negociar en un escenario como este, pues ya ha sido claro que, aunque ha recibido ayuda militar crucial, hasta la fecha la OTAN no ha desplegado fuerzas militares para defender a Ucrania y ya ni los recuerdos del memorándum de Budapest tienen sentido.

Segundo: si los avances militares no se confirman y Rusia logra solo pequeñas conquistas territoriales, que quizá pueden ser alrededor del puerto de Mariúpol y algo más, aparte de lo que logre retener y controlar en la zona del Dombás, Moscú tendría que limitar sus exigencias y dejaría planteado un esquema complejo respecto a lo que ha llamado la necesaria seguridad de su Estado contra la OTAN. Sin embargo, el asunto del derecho de Ucrania a ingresar o no a cualquier organización internacional es algo que debe ser claro, pues lo que está en juego es la soberanía del mismo Estado ucraniano, que al parecer Moscú cuestiona, como fue evidente desde el discurso mismo de declaración de la guerra.

Sin embargo, en este escenario Kiev considera que puede tener algún margen para negociar el fin de la guerra, dando valor a su oferta de someter a referéndum, o incluso a plebiscito, la consulta sobre el ingreso tanto en la OTAN como en la Unión Europea. No es claro si Kiev esté más dispuesto a aceptar la pérdida definitiva de Crimea que la pérdida de territorios orientales, pero lo cierto es que el Estado ucraniano ha dejado de existir sobre la península desde 2014 y su presencia en los territorios orientales aún se disputa, y quizá Kiev no esté dispuesto a reconocer esas pérdidas territoriales ante la posibilidad de que Ucrania pueda emprender una guerra asimétrica popular contra el Estado invasor que, además, de entrada, tiene el apoyo político de una nación en proceso de reconstitución. De esta forma, no es posible reconocer como parte de un Estado exterior algo que quizá se pueda ganar por la fuerza.

Tercero: este último escenario implicaría que Rusia no tuviese la posibilidad de obtener conquistas territoriales ni creíbles ni sostenibles en la región del Dombás, aunque retenga dentro de su propiedad la península de Crimea. Este escenario se abre en dos opciones diferenciadas: una que está marcada por el uso de armas de destrucción masiva, ya sean armas nucleares tácticas, químicas o biológicas, lo que muy posiblemente conllevaría una respuesta de la OTAN, creando un escenario bélico y político más allá de la guerra en Ucrania; y de otro lado, que Rusia deba retirarse, dejando tras de sí cualquier opción de proyección geopolítica y geoestratégica que hubiese considerado. Estas dos últimas situaciones traerían consecuencias políticas internas posibles dentro de Rusia, introduciendo una inestabilidad hasta ahora desconocida durante el régimen de Putin, y dejando al descubierto el mayor arsenal nuclear del mundo. En este último escenario Kiev no tendría ningún estímulo para negociar y se convertiría en un protagonista fundamental de la estabilidad europea, e incluso global.

Sin embargo, y más allá de cualquier escenario de negociación posible entre Rusia y Ucrania a propósito de la guerra de invasión de 2022, está el lastre de los efectos morales que generan los crímenes de guerra y contra la humanidad ejecutados por Rusia, que se han ido descubriendo a medida que las tropas ucranianas han tenido éxito en los contraataques desde que las tropas cambiaron de estrategia y empezaron a reagruparse hacia el oriente de Ucrania. Estos crímenes se comenzaron a investigar desde que los denominaron el presidente Zelenski y la fiscal general de Ucrania, Irina Venediktova, e incluso en una acción inusual, recibieron apoyo directo del Tribunal Penal Internacional. En por lo menos tres localidades, Bucha, Borodianka y Kramatorsk, hasta la fecha en que este texto se escribe, los crímenes rusos contra la humanidad han sido plenamente visibles, entre los que se cuentan civiles ejecutados en circunstancias cotidianas, como ir en bicicleta o llevar bolsas con alimentos[243]; civiles asesinados que han quedado enterrados debajo de los escombros de los edificios destruidos por los rusos, tanto en los bombardeos durante los ataques y los

---

243 Browne, Michael; Botti, David y Willis, Haley. "Satellite images show bodies lay in Bucha for weeks, despite Russian claims". En: *The New York Times*, 4 de abril de 2022.

combates, como durante la retirada[244]; civiles asesinados amontonados en fosas comunes, y ciudades que han sido sometidas a devastaciones totales, no solo de las infraestructuras críticas[245]; civiles asesinados en lugares públicos usados como refugio[246] o de atención médica[247]; incluso civiles asesinados en lugares públicos de transporte[248].

Estos crímenes tienen un impacto moral directo sobre las posibilidades de ejecución, pues ubican a las víctimas con los victimarios, y esta dimensión ya deja de hecho un problema de difícil resolución, pues supone una pérdida de legitimidad en sí misma, por cuanto los victimarios, los rusos, han cometido evidentes crímenes contra la humanidad. En tal circunstancia cualquier acuerdo es solo temporal y, en consecuencia, solo será para buscar un fin de la guerra, pero las causas criminales quedarán abiertas, así no existan posibilidades reales de llevar a tribunales internacionales a los responsables individuales.

Adicionalmente es importante indicar que el conjunto de los crímenes cometidos por las tropas rusas en Ucrania tiene un cierto carácter de sistematicidad y continuidad, con el fin de eliminar y desplazar población que no se considera deseable o

---

244 "Ucrania alerta de que el repliegue ruso deja al descubierto masacres mayores que la de Bucha". En: *El País*, 8 de abril de 2022.

245 "La ONU ve indicios de crímenes de guerra y el alcalde de Mariúpol denuncia la existencia de fosas comunes". En: *Agencia Efe*. 22 de abril de 2022.

246 "Mariúpol busca supervivientes en el teatro bombardeado por Rusia en el que se refugiaban 'cientos de civiles'. En: *El País*, 17 de abril de 2022.

247 "Rusia bombardea dos hospitales y otro depósito de combustible en Ucrania". *Deutsche Welle*, 6 de abril de 2022.

248 Segura, Cristian. "Decenas de muertos en un ataque de Rusia a una estación de tren repleta de civiles que huían del este de Ucrania". En: *El País*, 8 de abril de 2022.

adecuada para habitar en los territorios ocupados por los rusos o sus intermediarios sobre el terreno. Esto se convierte en sí mismo en una especie de eliminación de una identidad nacional, o en un proceso de eliminación política sistemática aplicada a una población civil específica.

Lo último que se puede afirmar para cerrar este texto es que los panoramas posbélicos en la guerra de Rusia contra Ucrania no son positivos en ninguna forma, y sí han introducido una serie de modificaciones de la geopolítica, en la que aún no es posible identificar sus reconformaciones. Lo más realista en este contexto es ser lo más pesimista posible. Adicionalmente, los problemas morales derivados de los crímenes cometidos imposibilitan la legitimidad de los acuerdos y, por tanto, la sostenibilidad de estos.

# MAPAS

**Lituania**
marzo 1990

**Letonia**
mayo 1990

Mar de
Noruega

Océano Ártico

Mar de
Bering

**Bielorrusia**
julio 1990

**Estonia**
agosto 1991

Mar de
Barents

**Ucrania**
agosto 1991

Mar de
Kara

Mar de Ojotsk

Rusia

Mar
Negro

**Kazajistán**
diciembre 1991

**Kirguistán**
agosto 1991

**Moldavia**
agosto 1991

**Azerbaiyán**
noviembre 1990

**Tayikistán**
septiembre 1991

**Armenia**
septiembre 1991

**Uzbekistán**
septiembre 1991

**Georgia**
abril 1991

**Turkmenistán**
octubre 1991

### 1. Disolución de la Unión de Repúblicas Socialistas Soviéticas (URSS)
Fecha de independencia por país

1990 (marzo-junio)
1990 (julio-diciembre)
1991 (enero-junio)
1991 (julio-diciembre)
URSS ——

0   500   1.000      2.000 km

## 2. Expansión territorial de Rusia entre 1300 y 1945

Principales ciudades ○

Unión Soviética (1945)

Federación de Rusia (actualidad)

Protectorados y territorios ocupados (1800-1917)

Fecha de adquisición o posesión · *1900*

| Principado de Moscú | | Basilio III | Boris Godunov | | Teodoro III | | Imperio ruso | | | | | | | | Unión de Repúblicas Socialistas Soviéticas (URSS) | | | |
|---|---|---|---|---|---|---|---|---|---|---|---|---|---|---|---|---|---|---|
| 1300 | 1462 | 1505 | 1592 | 1645 | 1676 | 1696 | 1725 | 1761 | 1796 | 1825 | 1855 | 1881 | 1894 | 1914 | 1926 | 1945 |
| | Ivan III 'El Grande' | Ivan IV 'El Terrible' | | Alejo I | | Pedro I 'El Grande' | | Catalina II 'La Grande' | | Nicolás I | Alejandro II | Alejandro III | Nicolás II | | | |

Alaska *1761 - 1867*
Sitka
Kodiac

Mar de Bering
*1761*

Petropávlovsk -Kamchatski

Mar de Ojotsk

Ojotsk

Vladivostok
Jabárovsk *1860*

*1858*
Manchuria 1900-1905
Port Arthur

Yakutsk

Océano Ártico

*1645*

*1926*

Krasnoyarsk

Irkutsk
Kulja *1871-1881*

Mar de Kara

*1761*

*1521*

Arcángel

*1552*

Mar de Barents

Vólogda
Súzdal
*1478*
Riazán
Moscú *1300*
Novgorod
San Petersburgo
Smolensk

*1809*
*1743*
*1721*

*1848*

*1914, 1942*

Omsk

*1822*

*1865*
Taskent
*1898*
Bujará
*1855*

*1945*
*1915*

*1721*
*1795*
Kiev
*1783*
Astracán
Tiflis
*1829*
*1826*
*1868*

Mar Báltico
Varsovia

Valaquia y Moldavia *1835-1856*
Ternopol *1945*
*1793*
Bucarest
*1761*

Mar Negro
*1874-1878*
*1856*
Mar Caspio

Caspio Meridional *1723-1732*

0 250 500 1000 km

Estados Unidos
1949
Canadá
1949
Islandia
1949

1949
Noruega

Estonia
2004

Letonia
2004

Rusia

Bélgica
1949

1949
Reino Unido

Países
Bajos
1949

1949
Dinamarca

Lituania
2004

Bielorrusia

2009
Croacia

1955
Alemania

Polonia
1999

Ucrania

Portugal
1949

1999
Rep. Checa
2004
Eslovaquia

Georgia

1949
Francia

Suiza

Austria

1999
Hungría

2004
Rumania

1949
Italia

Bosnia y
Herzegovina

1982
España

2004
Bulgaria

Mar Negro

1952
Turquía

Mar
Mediterraneo

Eslovenia
2004

Albania
2009

Grecia
1952

Montenegro
2017

Macedonia
del Norte
2020

**3. Expansión de la OTAN sobre el antiguo
bloque comunista en el Este de Europa**

Año de ingreso de los miembros de la OTAN

| 1949 | 1952 | 1982 | 2004 | 2017 |

Países fundadores en 1949
Aspirantes en 2021

—— Miembros del Pacto de Varsovia en 1955

0    250    500         1.000 km

N

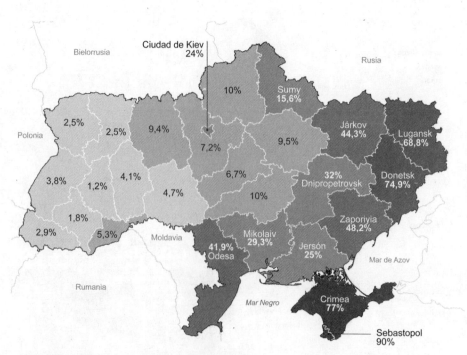

Ciudad de Kiev
24%

Bielorrusia

Rusia

10%

Sumy
15,6%

2,5%

2,5%

9,4%

7,2%

9,5%

Járkov
44,3%

Lugansk
68,8%

Polonia

3,8%

1,2%

4,1%

4,7%

6,7%

10%

32%
Dnipropetrovsk

Donetsk
74,9%

1,8%

Moldavia

Zaporiyia
48,2%

2,9%

5,3%

Mikolaiv
29,3%

41,9%
Odesa

Jersón
25%

Mar de Azov

Rumania

Mar Negro

Crimea
77%

Sebastopol
90%

## 4. Población rusa y rusoparlante en Ucrania

Población (%) con el ruso
como lengua materna

- 1 - 4,9%
- 5 - 14,9%
- 15 - 34,9%
- 35 - 49,9%
- 50 - 74,9%
- 75 - 90%

Grupos étnicos en Ucrania

Ruso (17,3%)
Bielorruso
Moldavo
Tártaro
de Crimea
Búlgaro
Húngaro
Rumano
Otros

Ucraniano (77,8%)

0    75    150         300 km

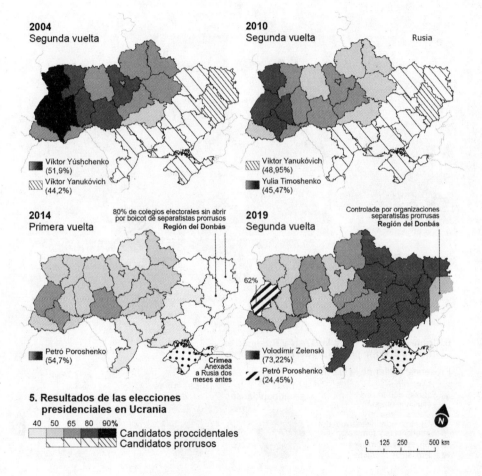

**2004**
Segunda vuelta

■ Víktor Yúshchenko
(51,9%)
▨ Víktor Yanukóvich
(44,2%)

**2010**
Segunda vuelta                    Rusia

▨ Víktor Yanukóvich
(48,95%)
■ Yulia Timoshenko
(45,47%)

**2014**
Primera vuelta

80% de colegios electorales sin abrir
por boicot de separatistas prorrusos
**Región del Donbás**

■ Petró Poroshenko
(54,7%)

Crimea
Anexada
a Rusia dos
meses antes

**2019**
Segunda vuelta

Controlada por organizaciones
separatistas prorrusas
**Región del Donbás**

62%

■ Volodímir Zelenski
(73,22%)
▨ Petró Poroshenko
(24,45%)

**5. Resultados de las elecciones
presidenciales en Ucrania**

40   50   65   80   90%
Candidatos proccidentales
Candidatos prorrusos

N

0   125   250        500 km

227

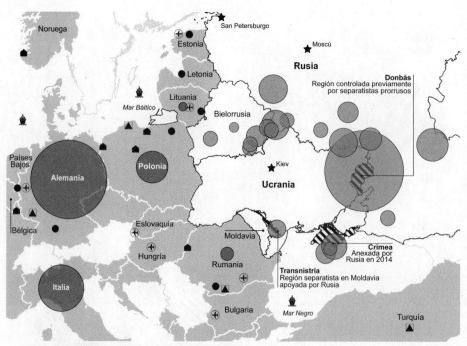

## 6. Contexto militar entre la OTAN y Rusia en el Este de Europa previo a la guerra en Ucrania

Presencia militar de la OTAN

Miembros

● Bases con tropas multinacionales

⊕ Bases aéreas

▲ Centros administrativos, de inteligencia y formación

▲ Sistemas antimisiles

⚓ Presencia marítima

Tropas estadounidenses
— 10.000
— 5.000
— 1.000

Tropas rusas
— 10.000
— 5.000
— 1.000

0   125   250   500 km

N

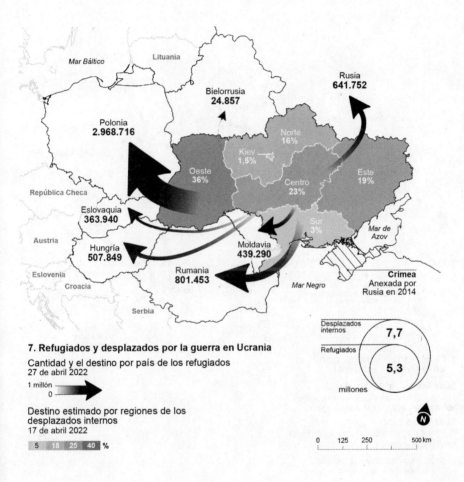

**7. Refugiados y desplazados por la guerra en Ucrania**

Cantidad y el destino por país de los refugiados
27 de abril 2022

1 millón
0

Destino estimado por regiones de los
desplazados internos
17 de abril 2022

5 18 25 40 %

Mar Báltico

Lituania

Bielorrusia
**24.857**

Rusia
**641.752**

Polonia
**2.968.716**

Norte
16%

Kiev
1,5%

Oeste
36%

Centro
23%

Este
19%

República Checa

Eslovaquia
**363.940**

Austria

Hungría
**507.849**

Sur
3%

Mar de
Azov

Eslovenia

Croacia

Rumania
**801.453**

Moldavia
**439.290**

Mar Negro

**Crimea**
Anexada por
Rusia en 2014

Serbia

Desplazados
internos

**7,7**

Refugiados

**5,3**

millones

0   125   250   500 km

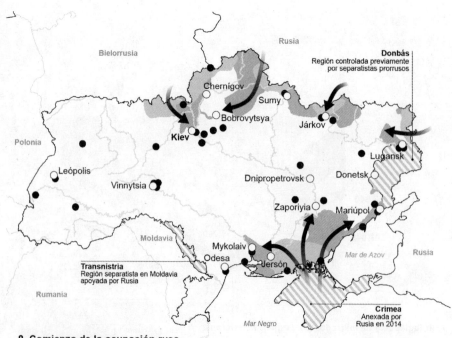

Rusia

Bielorrusia

**Donbás**
Región controlada previamente
por separatistas prorrusos

Chernígov

Sumy

Bobrovytsya

Járkov

**Kiev**

Polonia

Lugansk

Leópolis

Donetsk

Vinnytsia

Dnipropetrovsk

Zaporiyia

Mariúpol

Moldavia

Mykolaiv

*Mar de Azov*

Rusia

**Transnistria**
Región separatista en Moldavia
apoyada por Rusia

Odesa

Jersón

Rumania

**Crimea**
Anexada por
Rusia en 2014

*Mar Negro*

## 8. Comienzo de la ocupación rusa
## en la guerra en Ucrania

**24 de febrero 2022**

▨ Territorio ucraniano ocupado por Rusia

● Ataques aéreos con misiles rusos

**02 de marzo 2022**

▨ Territorio ucraniano ocupado por Rusia

➡ Ejes de avance ruso

○ Principales ciudades de Ucrania

— Principales ríos de Ucrania

0   75   150        300 km

N

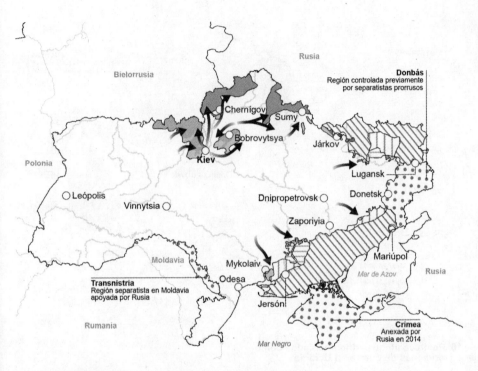

## 9. Contraofensiva ucraniana

**Áreas recuperadas (2022)**

- 01 de abril
- 04 de abril
- 07-14 de abril
- 24 de abril
- ➡ Ejes de la contraofensiva

**Ocupación rusa (24 de abril 2022)**

- Bajo control ruso
- Bajo ataque ruso
- Reclamado bajo control ruso
- ○ Principales ciudades de Ucrania
- Principales ríos de Ucrania

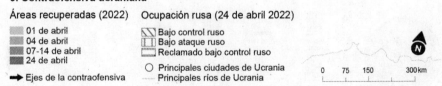

0    75    150    300 km

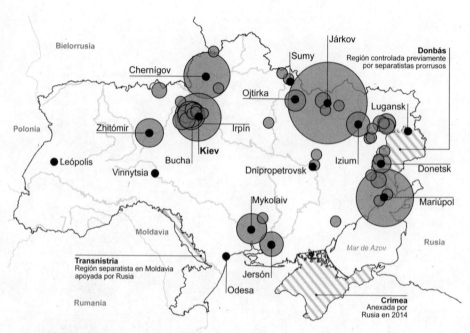

Bielorrusia

Polonia

Chernígov

Zhitómir

● Leópolis

Vinnytsia ●

Kiev

Bucha

Irpín

Ojtirka

Sumy

Járkov

Dnipropetrovsk

Izium

Lugansk

**Donbás**
Región controlada previamente
por separatistas prorrusos

Donetsk

Mariúpol

Mykolaiv

**Transnistria**
Región separatista en Moldavia
apoyada por Rusia

Moldavia

Jersón

Odesa

Mar de Azov

Rusia

Rumania

Mar Negro

**Crimea**
Anexada por
Rusia en 2014

## 10. Posibles ataques documentados como crímenes de guerra en Ucrania

Número de ataques hasta el 28 de abril de 2022

| | |
|---|---|
| 50 | |
| 30 | |
| 20 | |
| 5 | |
| 1 | |

**51** Edificios residenciales

**44** Escuelas y universidades

**45** Instalaciones médicas

**30** Ataques directos a civiles

**21** Sitios religiosos y culturales

**10** Armas indiscriminadas

**20** Otros

0    75    150                300 km

N

A continuación, se presentan las fuentes de información utilizadas en la elaboración de cada una de las cartografías. Tanto las referencias como las citas se presentan bajo el formato APA Sexta Edición.

## 1. DISOLUCIÓN DE LA UNIÓN DE REPÚBLICAS SOCIALISTAS SOVIÉTICAS (URSS)

- El Orden Mundial [EOM]. (2018, abril 21). La descomposición de la Unión Soviética. [Registro web]. Recuperado de https://elordenmundial.com/mapas-y-graficos/la-descomposicion-de-la-urss/
  * Primera vez que se usa la cita: (El Orden Mundial [EOM], 2018)
  * En adelante: (EOM, 2018)

## 2. EXPANSIÓN TERRITORIAL DE RUSIA ENTRE 1300 Y 1945

- Wikimedia Commons Contributors [Wikimedia CC] (2018, 31 de octubre). Expansión de Rusia, 1300 y 1945. Wikimedia Commons, the free media repository. Actualización 2022, 9 de abril. Recuperado de https://es.wikipedia.org/wiki/Historia_territorial_de_Rusia#/media/Archivo:Expansi%-C3%B3n_territorial_de_Rusia.svg
  * Primera vez que se usa la cita: (Wikimedia Commons Contributors [Wikimedia CC], 2018)
  * En adelante: (Wikimedia, 2018)

### 3. Expansión de la OTAN sobre el antiguo bloque comunista en el Este de Europa

- Organización del Tratado del Atlántico Norte [OTAN]. (s.f.). ¿Qué es la OTAN? [Registro web]. Recuperado de https://www.nato.int/nato-welcome/index_es.html
  * Primera vez que se usa la cita: (Organización del Tratado del Atlántico Norte [OTAN], s.f.)
  * En adelante: (OTAN, s.f.)

### 4. Población rusa y rusoparlante en Ucrania

- State Statistics Committee of Ukraine [SSCU]. (2001). *All-Ukrainian population census '2001'*. Recuperado de http://2001.ukrcensus.gov.ua/eng/results/
  * Primera vez que se usa la cita: (State Statistics Committee of Ukraine [SSCU], 2001).
  * En adelante: (SSCU, 2001)

### 5. Resultados de las elecciones presidenciales en Ucrania

- The Central Election Commission of Ukraine [CVK]. (2019). *Election of the President of Ukraine*. Recuperado de https://cvk.gov.ua/en/election-of-the-president-of-ukraine.html
  * Primera vez que se usa la cita: (The Central Election Commission of Ukraine [CVK], 2019).
  * En adelante: (CVK, 2019)

- Kireev, A. (2019, 07 de abril). Ukraine. Presidential election 2019. *Electoral geography 2.0*. [Registro web]. Recuperado de https://www.electoralgeography.com/new/en/countries/u/ukraine/ukraine-presidential-election-2019.html
  * Cita (Kireev, 2019)

## 6. Contexto militar entre la OTAN y Rusia en el Este de Europa previo a la guerra en Ucrania

- NATO. (s.f). *NATO on the map*. [Mapa]. Recuperado de https://www.nato.int/nato-on-the-map/#lat=54.3491 79203898&lon=20.0062139&zoom=2&layer-5
  * Cita (NATO, s.f.)
- Picheta, R. y Pettersson, H. (2022, febrero 10). Here's where Alliance forces are deployed across Eastern Europe. *CNN*. Recuperado de https://edition.cnn.com/2022/02/10/europe/nato-troops-eastern-europe-map-intl-cmd/index.html
  * Cita (Picheta y Pettersson, 2022)
- Merino, Á. (2022, enero 20). El mapa de la invasión rusa de Ucrania. *El Orden Mundial*. [Registro web]. Recuperado de https://elordenmundial.com/mapas-y-graficos/mapa-escalada-militar-rusia-ucrania/
  * Cita (Merino, 2022)

## 7. REFUGIADOS Y DESPLAZADOS POR LA GUERRA EN UCRANIA

The UN Refugee Agency [UNHCR]. (2022, 24 de abril). Ukraine Refugee Situation. *Operational Data Portal.* Recuperado de https://data2.unhcr.org/en/situations/ukraine
* Primera vez que se usa la cita: (The UN Refugee Agency [UNHCR], 2022)
* En adelante: (UNHCR, 2022)
* UN Migration [IOM]. (2022, 17 de abril). Ukraine: IDP Estimates. *The Humanitarian Data Exchange.* Recuperado de https://data.humdata.org/dataset/ukraine-idp-estimates
  * Primera vez que se usa la cita: (UN Migration [IOM], 2022)
  * En adelante: (IOM, 2022)

## 8. COMIENZO DE LA OCUPACIÓN RUSA EN LA GUERRA EN UCRANIA

* Institute for the study of war [ISW]. (2022a). Ukraine Conflict Updates. *Institute for the study of war.* Recuperado de https://www.understandingwar.org/backgrounder/ukraine-conflict-updates
  * Primera vez que se usa la cita: (Institute for the study of war [ISW], 2022a)
  * En adelante: (ISW, 2022a)
* Institute for the study of war [ISW]. (2022b, 24 de febrero). Ukraine Conflict Updates 7. *Institute for the study of*

*war*. Recuperado de https://www.understandingwar.org/backgrounder/ukraine-conflict-update-7

* * Primera vez que se usa la cita: (Institute for the study of war [ISW], 2022b)
* * En adelante: (ISW, 2022b)
* Clark, Barros & Stepanenko. (2022, 02 de marzo). Russian Offensive Campaign Assessment. *Institute for the study of war*. Recuperado de https://www.understandingwar.org/backgrounder/russian-offensive-campaign-assessment-march-2
  * * Primera vez que se usa la cita: (Clark, Barros & Stepanenko, 2022)
  * * En adelante: (Clark el al., 2022)

## 9. CONTRAOFENSIVA UCRANIANA

* Institute for the study of war [ISW]. (2022a). Ukraine Conflict Updates. *Institute for the study of war*. Recuperado de https://www.understandingwar.org/backgrounder/ukraine-conflict-updates
  * * Primera vez que se usa la cita: (Institute for the study of war [ISW], 2022a)
  * * En adelante: (ISW, 2022a)
* Clark, Barros & Hird (2022a, 01 de abril). Russian Offensive Campaign Assessment. *Institute for the study of war*. Recuperado de https://www.understandingwar.org/backgrounder/russian-offensive-campaign-assessment-april-1
  * * Primera vez que se usa la cita: (Clark, Barros y Hird, 2022a)
  * * En adelante: (Clark et al., 2022a)

- Clark, Barros & Hird. (2022b, 04 de abril). Russian Offensive Campaign Assessment. *Institute for the study of war.* Recuperado de https://www.understandingwar.org/backgrounder/russian-offensive-campaign-assessment-april-4
  * Primera vez que se usa la cita: (Clark, Barros y Hird, 2022b)
  * En adelante: (Clark et al., 2022b)
- Clark, Stepanenko & Hird. (2022, 07 de abril). Russian Offensive Campaign Assessment. *Institute for the study of war.* Recuperado de https://www.understandingwar.org/backgrounder/russian-offensive-campaign-assessment-april-7
  * Primera vez que se usa la cita: (Clark, Stepanenko y Hird, 2022)
  * En adelante: (Clark et al., 2022)
- Clark, M & Stepanenko, K. (2022, 24 de abril). Russian Offensive Campaign Assessment. *Institute for the study of war.* Recuperado de https://www.understandingwar.org/backgrounder/russian-offensive-campaign-assessment-april-24
  * Cita: (Clark y Stepanenko, 2022)

## 10. POSIBLES ATAQUES DOCUMENTADOS COMO CRÍMENES DE GUERRA EN UCRANIA

- Potential War Crimes [PWC]. Potential war crimes documented in Ukraine. *War Crimes Watch Ukraine.* Recuperado de https://www.pbs.org/wgbh/frontline/interactive/ap-russia-war-crimes-ukraine/

* Primera vez que se usa la cita: (Potential War Crimes [PWC], 2022)
* En adelante: (PWC, 2022)
- Flaticon. Recuperado el 28 de abril del 2022 en https://www.flaticon.es/
  * Cita (Flaticon, 2022)

# BIBLIOGRAFÍA

Asmus, R. (2009). *A Little War That Shook the World: Georgia, Russia, and the future of the West*. Londres: Palgrave Macmillan.

Beevor, A. (2000). *Stalingrado*. Barcelona: Crítica.

Beevor, A. (2002). *Berlín, la caída: 1945*. Barcelona: Crítica.

Beevor, A. (2018). *La Segunda Guerra Mundial*. Barcelona: Pasado y presente.

Bergen, P. (2021). *The Rise and Fall of Osama bin Laden: the Biography*. Nueva York: Simon & Schuster.

Brzezinski, Z. (1998). *El Gran Tablero Mundial. La supremacía estadounidense y sus imperativos geoestratégicos*. Barcelona: Paidós.

Burleigh, M. (2008). *Sangre y rabia. Una historia cultural del terrorismo*. Madrid: Taurus.

Burleigh, M. (2013). *Pequeñas guerras*. Madrid: Taurus.

Center for Strategic & International Studies. (22 de marzo de 2022). *Ukraine and Taiwan: Parallels and early lessons learned*.

Charap, S., Geist , E., Frederick, B., Drennan, J., Chandler, N., & Kavanagh, J. (2022). *Russia´s Military Interventions. Patterns, drivers, and signposts*. Santa Monica, California: Rand Corportation.

Colom, F. (2019). *Tristes patrias. Más allá del patriotismo y del cosmopolitismo*. Barcelona: Anthropos.

Creveld, M. V. (1985). *Los abastecimientos en la guerra. La logística desde Wallesntein hasta Patton*. Madrid: EME.

Creveld, M. V. (1999). *The Rise and Decline of the State*. Cambridge: Cambridge University Press.

Darwing, J. (2012). *El sueño del imperio. Auge y caída de las potencias globales. 1400-2000*. Madrid: Taurus.

Davies, N. (2008). *Europa en Guerra. 1939-1945*. Barcelona: Planeta.

Easley, L.-E. (2020). Trump and Kim Jong Un: Climbing the Diplomatic Ladder. *North Korea Review Vol. 16, No. 1*, 103-110.

Esdaile, C. (2007). *Las guerras de Napoleón. Una historia internacional, 1803-1815*. Barcelona: Crítica.

Figes, O. (2016). *Crimea. La primera gran Guerra*. Barcelona: Editorial Edhasa.

Frankopan, P. (2019). *Las nuevas rutas de la seda. Presente y futuro del mundo*. Barcelona: Crítica.

Freedman, L. (2018). *Estrategia: Una historia*. Madrid: La esfera de los libros.

Freedman, L. (2019). *La guerra futura. Un estudio sobre el pasado y el presente*. Barcelona: Crítica.

Gessen, M. (2018). *El futuro es historia. Rusia y el regreso del totalitarismo*. Madrid: Editorial Turner.

Grigas, A. (2016). *Beyond Crimea: the New Russian Empire*. Yale: Yale University Press.

Guerrero, A. d. (1999). *Enciclopedia del nacionalismo*. Madrid: Alianza Editorial.

Hastings, A. (2000). *La construcción de las nacionalidades. Etnicidad, religión y nacionalismo.* Madrid: Cambridge University Press.

Hobsbawm, E. (1990). *Naciones y nacionalismos desde 1780.* Barcelona: Crítica.

Hobsbawm, E., & Ranger, T. (1983). *La invención de la tradición.* Barcelona: Planeta.

Holsti, K. J. (2000). *Peace and War: Armed Conflicts and International Order 1648-1989.* Cambridge: Cambridge University Press.

Kakar, M. (1997). *Afghanistan: the Soviet Invasion and the Afghan Response, 1979-1982.* California: University of California Press.

Keith, A. (2019). *La caída de Cartago. Las guerras púnicas 265-146 a.c.* Barcelona: Ariel.

Kiernan, V. G. (1998). *Colonial Empires and Armies. 1815-1960.* Londres: Sutton Publishing Limited.

Kofman, M., Migacheva, K., Nichiporuk, B., Radin, A., Tkacheva, O., & Oberholtzer, J. (2017). *Lessons from Russia's Operations in Crimea and Eastern Ukraine.* Santa Monica, California: RAND Corporation.

Larrabe, F., Wilson , P. A., & Gordon, J. (2015). *The Ukrainian Crisis and European Security. Implications for the United States and U.S. Army.* Santa Monica, California: Rand Corporation.

Lippman, W. (1947). *The Cold War: A Study in U.S. Foreign Policy.* Michigan: Harper.

MacMillan, M. (2005). *1919. Seis meses que cambiaron el mundo.* Barcelona: Tusquets Editores.

MacMillan, M. (2017). *Las personas de la historia. Sobre la persuasión y el arte del liderazgo.* Madrid: Editorial Turner.

Malkasian, C. (2021). *The Amercian War in Afghanistan*. Oxoford: Oxoford University Press.

Massie, R. K. (2012). *Catalina la Grande: retrato de una mujer*. Madrid: Crítica.

Menon, R., & Rumer, E. (2015). *Conflict in Ukraine: The Unwinding of the Post–Cold War Order*. Massachusetts: MIT Press.

Menon, R. (2018). *The Ukrainian Night: An Intimate History of Revolution*. New Haven, Connecticut: Yale University Press.

Montefiore, S. S. (2016). *Los Romanov. 1613-1918*. Barcelona: Crítica.

Moubayed, S. (2016). *Bajo la bandera del terror. Un viaje a las entrañas de Dáesh*. Barcelona: Península.

Norman Davies. (2016). *Reinos desaparecidos. La historia olvidada de Europa*. Barcelona: Galaxia Gutenberg.

Oliker, O., Davis, L. E., Crane, K., Radin, A., Gventer, C. W., Sondergaard, S., Hlavka, J. (2016). *Security Sector Reform in Ukraine*. Santa Mónica, California: RAND Corporation.

Parker, J. W. (2012). *Putin's Syrian Gambit: Sharper Elbows, Bigger Footprint, Stickier Wicket*. Washington D.C.: Institute for National Strategic Studies.

Pérez Vejo, T. (1999). *Nación, identidad nacional y otros mitos nacionalistas*. Madrid: Ediciones Nobel.

Pérez Vejo, T. (2010). *Elegía criolla. Una reinterpretación de las guerras de independencia*. Barcelona: Tusquets.

Pifer, S. (2011). The Trilateral Process: The United States, Ukraine, Russia and nuclear weapons. *Brookings. Arms control series, paper 6.*

Pifer, S. (22 de julio de 2020). Ukraine's Zelensky ran on a reform platform. Is he delivering? *Brookings.edu.*

Plokhy, S. (2015). *El último imperio. Los días finales de la Unión Soviética.* Madrid: Turner.

Posner, E. (2017). Can It Happen Here?: Donald Trump and the Paradox of Populist Government. *Public Law and Legal Theory Working Paper, # 60,* 1-13.

Rabi, U. (2021). *The Return of the Past: State, Identity, and Society in the Post-arab Spring Middle East.* Washington DC: Lexington Books.

Rabinovith, I., & Carmit, V. (2021). *Syrian Requiem: the Civil War and Its Aftermath.* Nueva Jersey: Princeton University Press.

Rashid, A. (2001). *Los talibanes. Islam, petróleo y el nuevo "Gran Juego" en Asia central.* Barcelona: Península.

Rashid, A. (2005). *Yihad: el auge del islamismo en Asia central.* Barcelona: Península.

Rumer, E. B. (1994). *The Ideological Crisis In the Military.* Santa Mónica: Rand Corportation.

Sadykiewic, M. (1988). *The Warsaw Pact Command Structure in Peace and War.* Santa Monica: Rand Corporation.

Sambanis, N., Skaperdas, S., & William, C. (2015). Nation-building Through War. *The American Political Sciences Review, vol. 109, No. 2,* 279-296.

Schlögel, K. (2021). *El siglo soviético. Arqueología de un mundo perdido.* Barcelona: Galaxia Gutenberg.

Service, R. (2000). *Historia de Rusia en el siglo XX.* Barcelona: Crítica.

Service, R. (2005). *Rusia, experimento con un pueblo.* Madrid: Siglo XXI.

Silber, L. (1997). *Yugoslavia: Death of a Nation.* Londres: Penguin Books.

Snyder, T. (2015). *Tierra negra: El Holocausto como historia y adver-tencia.* Barcelona: Galaxia Gutenberg.

Snyder, T. (2017). *Tierras de Sangre. Europa entre Hitler y Stalin.* Barcelona: Galaxia Gutenberg.

Tilly, C. (1992). *Coerción, capital y Estados europeos 990 – 1990.* Madrid: Alianza Editorial.

Westad, O. A. (2018). *La Guerra Fría. Una historia mundial.* Barcelona: Galaxia Gutenberg.

Wilson, A. (2006). *Ukraine´s Orange Revolution.* New Haven, Connecticut: Yale University Press.

Wilson, A. (2015). *The Ukrainians Unexpected Nation.* London: Yale Univesity Press.

Wright , D., & Tracy, C. (2021). Armas hipersónicas. *Revista Investigación y Ciencia # 541.*

Yost, D. S. (2015). The Budapest Memorandum and Russia´s intervention in Ukraine. *International Affairs (Royal Institute of International Affairs) Vol. 91 No. 3* , 505-538.

Zubok, V. M. (2008). *Un imperio fallido. La Unión Soviética durante la Guerra Fría.* Barcelona: Crítica.

*Guerra en Ucrania de* Carlos Alberto Patiño Villa
se terminó de imprimir en el mes de octubre de 2022
en los talleres de
Grafimex Impresores S.A. de C.V.
Av. de las Torres No. 256 Valle de San Lorenzo
Iztapalapa, C.P. 09970, CDMX, Tel:3004-4444